# 史玉柱的创业心得

倾　听　创　业　教　诲　感　悟　成　功　真　谛

SHIYUZHU DE
CHUANGYE XINDE

珍藏版

吴广洋◎编著

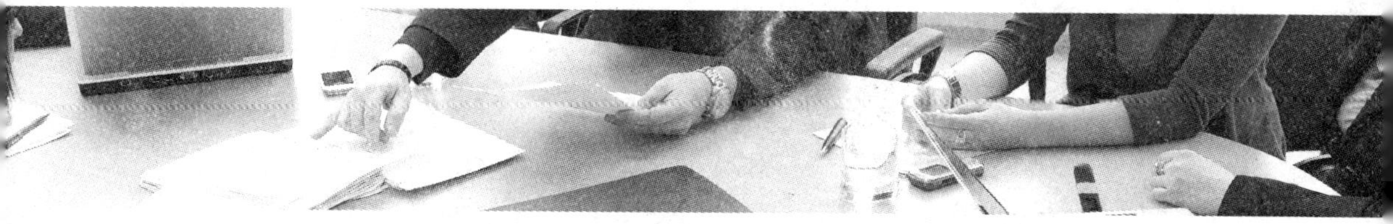

剖析创业教父的
**商业逻辑**

分享成功大师的
**心路历程**

时事出版社

**图书在版编目（CIP）数据**

史玉柱的创业心得 / 吴广洋编著. -- 北京：时事出版社，2015.1
ISBN 978-7-80232-811-2

Ⅰ. ①史… Ⅱ. ①吴… Ⅲ. ①企业管理－经验－中国 Ⅳ. ①F279.23

中国版本图书馆 CIP 数据核字(2014)第 301982 号

出版发行：时事出版社
地　　址：北京市海淀区万寿寺甲 2 号
邮　　编：100081
发行热线：(010)88547590　88547591
读者服务部：(010)88547595
传　　真：(010)88547592
电子邮箱：shishichubanshe@sina.com
网　　址：www.shishishe.com
印　　刷：北京市业和印务有限公司

开本：787×1092　1/16　印张：16.5　字数：178 千字
2015 年 1 月第 1 版　2015 年 1 月第 1 次印刷
定价：29.00 元
（如有印装质量问题，请与本社发行部联系调换）

# 前言

preface

1989年史玉柱研究生毕业后“下海”经商，在深圳研究开发了M6401桌面中文电脑软件。1992年成立巨人高科技集团，注册资金1.19亿元。1995年7月被《福布斯》列为中国大陆富豪的第8位，是当年唯一一个以高科技起家的年轻企业家。从巨人汉卡到巨人大厦，从脑白金到黄金搭档，史玉柱是具有传奇色彩的创业者之一。从创业青年，到中国大陆排名第8的亿万富豪，再到负债两个多亿的“全国最穷的人”，再到身家数十亿的资本家。2001年，史玉柱当选“CCTV中国经济年度人物”。史玉柱演绎的商业传奇，情节之丰富、命运之跌宕，超乎商业小说的想象发挥。史玉柱，这个传奇的创业者，当之无愧地成为了“励志照亮人生，创业改变命运”的创业榜样。

史玉柱已经培养了一种成功的商业基因，一种独特的商业思维，连史玉柱自己也说:“我是学数学的，思维方式是从A到B，一般大家可能就按通行的路走了，但是我要列出从A到B的所有出口，列出所有可能的链接，要一条路都不落，看哪一条路可行，哪条路不可行——这也在一定程度上决定了我的思维方式。”这种成熟的商业思维体现在对消费者需求的把握上，体现在对员工的管理上，还体现在项目投资等各个方面。

在跌宕起伏的创业路上，史玉柱对创业有了更为深刻的体会和感悟。他对创业者提出了四点忠告：

第一，“赚大钱还是赚小钱，取决于你的战略。”如果我们的战略是面向社区开一个杂货店，那么我们就只能赚一个社区的钱；如果我们的战略是面向全市开一个零售店，那么我们就可以赚一个城市的钱。因此若我们的战略是面向全世界的市场，所以我们就可以赚全世界人民的钱。

第二，“再好的决策，也不可能适应未来的种种变化，需要在实际操作过程中及时调整。”所谓计划永远赶不上变化，但如何调整计划往往是一件棘手的事情，因为调整意味着打乱原先的部署，甚至有些事要重头做起，这就需要创业者不断培养自己的“洞察力”和“随需应变”的能力，同时，尽量做到兼听则明，从更多的角度审视现状和计划的差距。

第三，“就算战略方向对了，取得成功还需要心血的浇灌。”成功最难的往往不是方向的选择，而是在朝着这个方向行走的路上所遇到的种种意想不到的挫折和困难。为什么马云告诫创业者最多的一句话是“坚持”，因为韧性是一名创业者成功最大的保证，这点从史玉柱重新崛起就可见一般。

第四，“领导者的内心真诚是团队愿意不离不弃的真正原因。”一个企业的成功绝对不是一个人坚持的结果，而是一个团队坚持的结果。那么，如何在最困难的时候让你的团队不离不弃，史玉柱已经告诉了我们全部的秘密所在：当你的企业不能给员工足够的物质利益时，你所能够让员工信赖的就是你内心的真诚和坚定的理想。

本书精心整理了史玉柱的创业语录与创业心得，让读者很容易就能融入史玉柱的内心，感受其创业人生的经验与教训总结，倾听史玉柱的创业教诲，感受其创业的真谛。本书是对创业者的忠告与提醒，是史玉柱成功创业思维及商道智慧精华的精彩读本。

分享史玉柱的创业心得，能够让我们每一位创业者鼓起追求的勇气，树立适宜的创业目标，指明前进的方向，走在正确的创业道路上。让我们学习分享史玉柱的创业精神和创业心得，拨去创业路上的迷雾，打破内心的迷茫，树立坚定的信心，掌握有效的方法，最终成为一个成功的创业者。

# 目录
contents

# 没有目标就没有方向，确立目标是创业成功的基本要素

许多创业者的困顿在于没有确立目标，什么都想做又觉得什么都不合适；什么都想干但什么都干不成。不知道自己应该干什么，自己适合干什么，最重要的是自己想要什么。

自主创业最基本的要素是目标，首先就是确立人生的目标。为什么这么说呢？因为创业不是一个不得不干、被动选择的行为。自主创业就是凭着对人生目标的执著追求，百折不挠的奋斗过程。

创业是一个不断主动选择，并且具有高风险、高失败率；对创业人时时提出挑战，要求创业人不断地进行自我突破的过程。在整个过程中，创业人真正获得舒适安逸享受的只占百分之几，而经历挫折、失败

以及心身承受的压力煎熬，却占了百分之九十几以上。

因此，创业不但要求创业者身心健康，最重要是要求其有坚韧不拔的毅力、百折不挠的精神。那么这种毅力、动力从哪里来呢？创业的真正动力是来自于创业者的信仰、对人生目标追求的渴望度。人生目标也就成为了创业者整个创业过程中的精神支柱。

创业者与一般人的显著区别就是：创业者具有更高追求成功的需求。因为创业是对人生未来的描绘与预测，是对个人未来的设计和谋划。有人说过，未来的趋势和格局，决定了我们现在的大目标和大方向，决定了我们现在应该做什么？未来决定现在，创业就是策划未来、创造未来。因此，人生规划确立人生目标是自主创业的第一要素，是我们克服创业路上一切艰难困苦的动力源泉。确立人生目标就是确立我们对个人生命的责任以及对社会所担负的责任。

创业者不能只以能够赚多少钱为目标。赚钱是重要的目标，但不是唯一的目标，因为创业本身应该有理念，理念会带动很多新的产品创意和实践冲动。人们在想到创业的时候，首先想到的应该是商业机会、经营项目，然后是资金、利润、风险等。

为此，我们需要明确：我要成为一个什么样的人？为了完成人生目标，我所建立的事业目标是什么？确立人生目标是派生其他目标的总目标，根据人生目标来确定好企业目标、财政目标、教育目标、精神和娱乐目标。

人生目标的确立给了创业者明确的方向感，使他充分了解自己每个行为的目的；确立了创业者应该做什么和不应该做什么的取舍标准；

明白对自己最重要的是什么。也给了创业者自省、自检、评估、校正自己行为的标杆与尺度。

而没有目标的创业，也只能是在不断寻找商业机会的过程中碰碰运气罢了。许多创业者的困顿就是在于没有确立人生目标，他们不知道自己应该干什么、适合干什么。可以说，确立人生目标是自主创业最基本的要素之一。

生活中，任何人都想成为一个成功的创业者。生活中，我们见过各式各样的人，大致上可以把他们分成三类：旁观者、失败者、成功者。纵观古今，成大事者都是有远见的、高瞻远瞩的人。卓越的远见力可以给创业者带来巨大的利益，帮他们捕捉一切商机。作为一名创业者，谁都希望自己成功。如何做一个成功的创业者，这里有如下方法：

**1. 确定你的远见**

你的远见不能由别人给你，你必须自己确定你人生的远见。

**2. 为大规划放弃小选择**

实现自己的创业目标是有代价的，你不可能一面追求此种选择，一面又保留着其他选择。

**3. 不断超越自我**

只付出一般的努力是实现不了理想的。你需要献身精神和不懈的努力，这是你成功必备的筹码。

**4. 打破生活的常规**

比如：晨跑时，走一条与以前不同的路线；定一个骑车旅行的计划。

5. 学会以别人的眼光看自己

想象你是你的客户，想象你是你的情敌，想象你是你的上司，想象你攻击别人的时候，别人是什么感觉。

6. 学会说“谢谢”

当任何一个人不论出于什么原因对你表示问候时，你都应该有礼貌地回答：“谢谢你。”

此外做一位成功的创业者还要避免一些常犯的错误：

1. 错把嗜好当成事业

很多人认为会做蛋糕就能开餐馆，会裁衣服必能开服装店，贸然投下大笔资金，不到数月便血本无归。如果你能把嗜好视为通往事业的跳板，先替别人做，以此作为见习的机会，学习经营技巧，以后再寻找一个富有管理才能的人搭档，这才可能落实创业的美梦。

2. 野心太大贻害自己

雄心大志固然要有，但在拟订市场策略时，一定要量力而行，不要以为产品越多，顾客面越广就越成功，事实上，把顾客“一网打尽”是不可能的。

3. 创业资金筹措不足

创业者起步时往往过于乐观，没有准备足够的资金周转，没有做最坏打算。

4. 不设提防，欠账难收

许多人有这样的体验，欠账拖延越久越难收回，甚至被赖帐，所以应尽量从各种渠道搜集掌握自己客户的资料信息，从而在签合同时，不必担心对方拖欠赖帐。

在创业的过程中，一定要学会总结经验及教训，知道什么该做，什么不该做。

创业者要了解自己的目标市场。了解自己的目标市场是成功启动策略的主要核心，根据目标客户的需求，从产品开发过程中，定义自己的品牌，然后去了解现在的客户，而不是总按期望的那样去想。著名企业家马克·安德森就曾提出过“产品市场的契合”。产品市场需要和你的产品提供完美的服务，切合你的产品需求。以下是5点问题，与你分享：

**1. 市场是一个什么心理状态？**

心理状态可以显示你的潜在客户。对用户的消费心理进行了解才是最重要的，例如他们是如何使用产品，该使用什么策略，什么才能让他们更容易产生共鸣。

消费心理包括生活方式、价值观念、信仰、态度和活动。例如，在纽约，30岁左右的女性大约每年花10万美元去练瑜伽，她们会认为健康是她们最优先考虑的事情。

**2. 你会遇到什么问题？什么成了你的绊脚石？**

最大的问题其实就是，如何去影响你的潜在客户。真正的产品市场是你的产品能迫切地解决用户最需要的问题。

你需要关注每个人最关心的东西，真正深入地去了解什么才是你客户最想要的结果。他们是怎么形容他们所遇到的问题，以及你是如何解决这些问题的。

**3. 我的目标在哪里？**

在顾客的心中，总会有其最信赖的品牌，因为无论是做网站、社交网络，还是电子邮件列表等，顾客有可能会参与其中，通过在线的讨论，你可以了解他们的信息，看到用户所关注的问题，以及发掘哪些问题是重复出现的。

**4. 我的竞争格局是什么？**

每一件产品都有自己的相关选项和项目，比如你购买一辆汽车时，你就会考虑有什么品牌、什么型号。即使你致力于一个特定的品牌，也会有多种不同的配例。

确定你的产品或服务竞争格局至关重要。作为营销人员或企业家，我们经常不知道我们的客户面临的选择范围。更重要的是，他们是怎么权衡他们的品牌和产品。

在投资的过程中，你需要真正地了解你的目标市场，当你新开发的产品下线了，你可以节省多少？不要害怕尖锐的问题，要继续深入挖掘。这有时也是一个成功公司与一个失败公司的差异。

## 创业心得

经历了巨人大厦的失败之后，史玉柱对内的改变之一就是：不再下达具体的经营指标。这对于史玉柱来讲，这是一个很大的调整。为什么不下达具体的指标？史玉柱的解释是：指标定得低，员工就没有挑战性，奋斗的含义就缩水，指标定得高，完成不了，就成了口号和空话，更是管理大忌。

那么，如何维系团队的奋斗向上呢？或者，如何保证企业向前发展呢？史玉柱的做法是：定目标不如定完成目标需要准备的事项和实现的步骤。这诚然有遭遇失败之后，个人心理惶恐的元素，但更多而言，是其缜密论证的具体表现。但这种缜密的思维、小心论证的习惯，一直都在大众和传媒人的视野之外。这种不定目标，缜密论证，步步推进，一咬到底的习惯，贯穿着《征途》两年多发展的历程。当《征途》第一次开放内部测试时，同时在线人数达到2000人的时候，《征途》团队欣喜若狂，因为史玉柱没有告诉他们，《征途》一定要做成同时在线人数达到100万的游戏。

史玉柱指出，不定目标，并不是没有目标，而是在大目标的指导下具体去实现一个个的小目标，只有这样才能够完成大目标。对于创业者来说，“我有能力实现自己的目标吗？”这个问题可能最为致命，事实上，正是由于很多人没有客观正确地认识到自己的能力，而导致目标的失败。因为很多人无法实施他们制订的目标，所以实现目标必须从自有资源、个人的能力以及目标的实际性这三个方面进行评估，从而做出最坦诚的能力评价。

# 失败，从来不是创业的结束

在创业的道路上，失败并不等于是投降，失败是交学费，为的是东山再起，下一回从头再来。创业犹如炼狱，不经历失败的历练，创业者怎能够百炼成钢。

每一个创业公司的起步都有各自的难处，就像托尔斯泰说过的："幸福的家庭大同小异，不幸的家庭各有各的不幸。"即便是世界上最成功的公司，也无一例外要经历不可承受的创业磨难，没有失败，就没有成功。

创业失败不是最后一刻发生的，失败的定时炸弹在每个创业项目中都时刻存在：研究不出一个能赚钱的商业模式，花了大本钱做出来的产品无人问津，创业兄弟闹分家各奔东西，见死不救……失败时分是最痛苦的，大势已去，四面楚歌，创业力拔山兮气盖世，时不利兮骓不逝，骓不逝兮可奈何，虞兮虞兮奈若何。

失败使人成熟、使人升华，在创业的道路上，失败并不等于是投降，失败是交学费，为的是东山再起、下一回从头再来，失败常常是成功的必经之路，乔布斯和史玉柱都是数度摔倒又爬起来迎风而立的巨人。

也许你正在经历创业过程中最痛苦的时刻……挺住、挺住、挺住！一切都将成为过去，当多少年后回首今天，没有此时此刻此景此情这刻骨铭心的痛，创业将是多么平淡无味。不经历失败的历练，创业者怎能够百炼成钢？

因为创业太累太苦，才渴望辉煌甘甜；因为有失败无数，成功的英雄才备受追捧；因为是第一次创业失败了，所以必定有第二次创业毅然再起……失败，从来不是创业的结束。

一本英文杂志评论说，史玉柱最大的本事是“销售一些本不值钱的玩意儿，同时挣得盆钵满盈”。他酷爱白色运动服装，在自己公司组织的记者招待会上总是戴着墨镜上台演讲；参加各种活动时，他常常带着数个黑衣保镖；他最喜欢跟人强调自己如何从“首负（中国最大的负债者）”翻身的故事；他的公关承认对他永远的直言不讳头痛不已，而他的直爽又使他成为媒体眼中最受追捧的采访对象。

“史玉柱，我终于见到你了，而且还是活的。”在一场名为“中国经济的未来”的互动论坛上，有人这样表达对史玉柱的崇拜之情。此话一出，台下哄堂大笑。在马云抛出“过冬论”之后，到场中小企业者尤其关注史玉柱是如何从低谷重新站起来的。

“我想问您是怎么站起来的?”有人提问。

“总结经验教训。”史玉柱回答道。

“怎么总结经验教训，能说得详细点吗?”

“就是天天开批斗大会。”

2007年，史玉柱以“坚韧之魅”入选“2007年中国魅力50人榜单”之六大经济人物。失败之后能够再度崛起是他获得此奖项的一个重要原因。

善于广告宣传的史玉柱很少评价自己，但他却明确表示，自己最可贵的优点就是“坚强”。他认为:“一个人倒下去之后，这个人的价值应该是增加的，因为教训能够使一个人成熟，成功能够使一个人头脑发昏，失败能够使一个人更有价值。”新华社曾评价史玉柱说:“失败有两种，一种是事业失败，另一种是精神失败。很多企业在事业失败后，精神上也失败了。但巨人在事业上失败后，精神不败，所以可以站起来。”

“这个世界上，没有人能够使你倒下，如果你自己的信念还站立着的话……”马丁·路德如是说。其实一个人一生能做成一件事很不容易，世上没有什么诀窍，只不过是坚持一下，再坚持一下。史玉柱正是用他的实际行动和辉煌成绩，诠释了“坚强”的真正含义。成为了当代中国“凤凰涅槃”式的样板。

在《对话》节目中，有人曾问史玉柱:“你有没有垮?”史玉柱回答说:“没垮，肯定没垮。我是没垮，垮了就不敢坐这儿了，珠海巨人集团可能是史玉柱一生办的其中一个企业，所以这个垮了，不能证明史玉柱不行了。”

从1997年到2000年这几年中，用“死而复生”、“卧薪尝胆”、“东山再起”这些词来形容史玉柱的商业传奇一点都不过分。在史玉柱的身上，突显出“执著与毅力”的魅力与价值，而“坚强”也正是对史玉柱的最好注解。

曾有一些企业家说:“如果是现在把我归零，我可以再来一次。”然而，史玉柱是把资产归为负数，甚至负得很多的时候，还能够再起来。骨子里希望自己重新站起来的史玉柱，正如越王勾践一样，势必重新崛起。他这样评价自己：做事越少越好，一旦决定要做一件事情，碰到再大的困难都要迎头赶上往前冲。

史玉柱是坚强的。如果说，史玉柱不够坚强，那么就不会有脑白金、黄金搭档以及后来的巨人网络。1997年初在他败得一无所有的时候，史玉柱也没有想过要放弃。他用实际行动印证了马云的那句话:“没有放弃，放弃是最大的失败。”

在那样的处境下，经过深思熟虑，史玉柱迅速抽身，决定离开珠江三角洲这个“白区”，开辟“苏区”。史玉柱说:“等‘苏区’发展起来以后，我们再来解救‘白区’。”史玉柱选择的“苏区”是长江三角洲地区。后来证明，这里的确是后来十几年中国经济增长最快的地方之一。这使我们不得不佩服史玉柱的眼光。

有人叫史玉柱评价一下他自己，对自己的什么东西最满意？史玉柱只回答了两个字“坚强”。古今中外，无论哪个领域的成功人士，他们都有一个共同的特点，就是有超人的毅力、百折不挠的坚持力。不放弃，是最大的坚强，处于困境的时候，更要坚强。

性格是人生的指挥官，你拥有什么样的性格，就会有什么样的人生。性格主宰着一个人的行为，性格决定着一个人的一生。永不言弃而又执著的史玉柱将不断造就新的辉煌。

加里宁曾说:“只有向自己提出伟大的目标并以自己的全部力量为之奋斗的人，才是幸福的人。”史玉柱说过:“人在成长中所经历的大部分是逆境，而摆脱逆境依靠的正是执著。”史玉柱还说过，商战的残酷，对他来说，乐趣在于“你的计划最后变成了现实。不在成功的一刹那，而是在过程里”。

1994 年，史玉柱的巨人集团因成功开发脑黄金，赢得市场满堂喝彩而“晕头转向”，不能客观评价自己的真正实力，仓促上马巨人大厦。大厦开始时设计为 18 层。而后史玉柱觉得不过瘾，加到 38 层、64 层、72 层。然而在这“大跃进”，为巨人集团埋下了危机的种子，终于在 1997 年 1 月集团崩溃。

在那时，除了史玉柱身边几个最亲近的人外，没有人相信他还能重新站起来，但史玉柱没有放弃自己，他执著依旧，失败后没有倒下，而是卧薪尝胆，奋发图强，转战各地，另谋出路。在隐忍中积聚着爆发的力量，终于有一天史玉柱因为其永不言弃的精神再一次成为人们瞩目的焦点。

“脑白金”做得更大之后，史玉柱把它的部分卖掉换回现金，投资更加保险的银行股份；剩下的“脑白金”资产也都同时变成了随时可以套现的两个上市公司股份。

“咸鱼翻身”的史玉柱依然执著追求着，他没有抛弃创业时的梦想——在IT领域出人头地。“如果有一天我不干了，那肯定是因为企业不需要我了，或者身体不行了，否则我不会停下来。”于是，2亿人民币的大手笔砸向网游，史玉柱开始了他新的追求旅程。

跌倒之后又重新爬起来，史玉柱说:“从很低的起点一步一步往上爬，是最快乐的事。”柳传志认为，史玉柱跌倒了能够再起来，最关键的一点是他个人的意志、品质。他说:“企业家本身是不是有一定的先天性呢？我就老在琢磨这些事，因为在我们投资以后是需要有好的企业家出现的。总体来讲，应该两个方面都有，一个人先天的意志、品质可能不是学得来的，有的人他有好的意志、品质，他自己也没发现，他要被激发。这个被激发的过程并不是说他学来的，他实际本身具有的，只是他不知道。就像现在演的一个电视剧《士兵突击》中的许三多一样，他可能本来有很好的潜质，但他自己不知道，父母也不知道。潜质是需要激发的。我觉得做得好的企业家，特别是一个创业者，要设立目标然后拼了命地去追求，这一点我觉得是一个首要条件。”

在中央电视台经济年度人物颁奖晚会上，国际奥委会委员何振梁给史玉柱的颁奖词为:“第一次，他上演了一个成功的版本；第二次，演绎了一个失败的案例；这一次，他从哪里跌倒就从哪里爬起，并完成了对企业家精神的定义——执著、诚信、勇于承担责任。”

史玉柱是难以捉摸的，他看起来“文质彬彬，甚至有些腼腆和害羞”，实际上却“执著、精明，而且具有极强的表达和鼓动能力”。

史玉柱说，很多人给我贴过各种各样的标签，我想最贴切的应该是创业者。下海创业，可以说是因缘际会吧。最初的创业是在深圳做汉卡，那时的感觉特别好，从很低的起点一点点往上爬，是最快乐的时候。说到与其他企业家最大的不同：我的创业经历可能比很多企业家更富有戏剧性，成功和失败都轰轰烈烈。

失败固不可少，但是创业者还是要尽量避免失败，要让自己在创业路上走得顺风顺水，以下是创业者常见的几点失败原因，希望创业者能够引以为鉴：

**1. 照搬照抄**

照搬照抄的创业者，一般不会深入研究市场，只是看别人怎么做，自己也怎么做。由于他们看到的和学来的都是表面现象，自己的内部管理和经营理念等深层次的经营要素跟不上，所以别人成功了，自己却失败了。千军万马来挤独木桥，其结果是挤垮了一个很有前景的行业。

**2. 放不开本业**

放不开本业就是人们常说的离不开老本行，以前在干什么，以后还想干什么。这就是被老本行捆住了思想和手脚。对他们而言，走出这个圈子，也许就会有广阔天地，大有作为。正是因为有很多创业者走不出这个圈子，创业时按固有的模式做，最终导致失败。

**3. 前景预测想当然**

一般创业者在投资前，都要对企业的前景、未来利润和经营状况进行预测。只是他们的预测，大多是根据竞争对手的现状，凭空想象来完成，没有科学的依据。这样容易让创业者对前景盲目乐观，而忽视了潜在的威胁和障碍。其实，对创业前景的预测是需要下一些工夫的，要为每一个决策找到科学的市场依据。这就需要对所处行业的发展趋势、消费者的需求演变、竞争对手的经营能力等众多的市场要素和经营要素进行综合的分析和研究。

### 4. 陌生领域无兴趣经营

原有行业已处于没落之势，没有了发展潜力和盈利机会，这时一些创业者就会转行到陌生的、具有发展潜力的领域去经营。因为是陌生的领域，投资者对市场渠道、消费者等情况一无所知。这就需要重新来了解、学习和实践，才能把握好新的市场。如果创业者对新行业没有兴趣，就会在实际经营管理中产生消极因素，最终导致失败。

### 5. 自身实力与运作要求不符

不论创业者选定了哪一个创业项目，在你选择它的同时，它也对你提出了相应的要求。如要做好这一项目，必须具备资金、设备、厂房、有一定技术水平和开发能力的工作人员等。我们见过很多投资者，开业之初经营得不错，到后来因为缺少流动资金，或技术不过关，或市场开发能力差等原因使得公司无法正常运行。

### 6. 不熟悉投资环境

任何一项生意，都有相对复杂的投资环境。要全盘考虑区域经济环境、企业社区生存环境、市场环境、竞争环境、居民消费环境。这些投资环境在促进一些投资项目发展的同时，也可能会对另一些项目产生制约。投资者在选定一个项目后，要在何地经营，就先要对该地的投资环境做好考察，看投资环境是否适合经营，能否为企业发展带来契机，又是否潜伏着一些威胁，从而做出正确的决策。

7. 市场运作盲目跟风

市场运作盲目跟风，一般是因为经营者缺少市场运作能力造成的。比如一商家打折酬宾，满大街的商家都跟着打折酬宾。这种盲目跟风，结果只能陷入恶性的价格战，让所有的企业都无利可图。

8. 没有市场营销意识

做任何生意都离不开营销，营销产品或营销服务。要研究市场，研究消费，以消费者的需求为中心，消费者需要什么，我们就生产什么、经营什么。在满足消费者需求的同时，才能创造出投资者的经营利润。

9. 意识过于超前

有很多有超前意识的创业者，取得了骄人的成绩，也有许多意识过于超前者，等待他们的只能是失败的苦果。意识过于超前表现为：发现了市场上的某种趋势和消费者潜在的需求，但一时还不能产生购买行动。这样，创业者要做市场启蒙和教育消费的工作，这些工作需要很长一段时间，需要投入巨额的费用。如果这些工作还没做好，你的企业就无法经营到最后，或是这些工作刚刚做好，你已经精疲力竭了，这时你的竞争对手就会适时而入，轻而易举地抢占了你的地盘。

10. 缺乏坚持

坚持在创业中是非常重要的。有时挫折是短暂的，往往很多人就是没能坚持到最后就放弃了，而导致失败。

11. 缺乏创业精神

不怕苦、不怕累，勇往直前，不达目的决不罢休，这就是创业精神。任何人做任何事，都不能一蹴而就，创业尤其如此。在创业期间，其困难和挫折是无法预料的，一个企业存在诸如销路、质量、管理、资金、人员等问题。一个没有创业精神的创业者是不会取得成功的。

## 创业心得

史玉柱说：“失败的教训最真实。”对于创业者，他特别给了以下几点建议：

**建议一：创业初期要聚焦重点，把一个产品做到极致**

1989年，从深圳大学读完研究生，史玉柱开启了自己的创业之旅。史玉柱把创业项目选在自己所熟悉的软件开发上。他的四人开发团队用了8个月的时间，对开发的软件进行了完善。史玉柱记得，那时除了每天睡六七个小时的觉外，几乎所有精力都花在软件的完善上。“创业最基础、最核心的问题就是产品好不好，方不方便。”至今，史玉柱仍然对初次创业记忆犹新。他认为产品的生产没有问题，接下来最重要的工作就是营销，用最少的钱让别人知道产品。

当时，史玉柱想到了在专业媒体上刊登广告。他找到了当时中国唯一的专业化媒体中国计算机报。从未写过广告词的史玉柱用3个月找到了写广告词的窍门，并一炮走红。“有好的产品，好的广告，好的营销模式，市场自然就打开了。”史玉柱回忆，当时创业的启动资金只有4000元。在他看来，创业初期一定要紧盯项目，对选中的项目要聚焦、聚焦、再聚焦，把自己的才智发挥到极致。

史玉柱说，创业初期最重要的不是资金，而是一个正确的商业模式，而具备决定性的是产品本身。“如果有好的产品，政府自然会支持，银行也会贷款。创业者潜心把产品和商业模式做到极致，就已经成功了一大半。”

**建议二：尽量不要多元化，要抓住一两个行业做深做透**

对创业项目的全身心投入，使得史玉柱积累了人生的第一桶金。在20世纪90年代初，卖软件一个月的利润就有上千万元。成功一度让史玉柱迷失了自我。史玉柱说：“幸福来得太突然，头脑发昏，当时就以为做啥都能成。”接下来，他将自己的创业大船开向了“深海”。

史玉柱开始涉足医药、化妆品、服装、房地产、保健品等领域，迅速构筑起自己的产业帝国。很快，史玉柱就尝试到失败的滋味，由于对不少领域并不熟悉，加之摊子铺得过大，最后不仅血本无归，还背了两亿元的债。

他总结道，企业尽量不要多元化，要抓住一两个行业做深做透，做成专家：“对证券市场来说，鸡蛋不能放在一个篮子里；但是对创业、做企业来说，鸡蛋必须放在一个篮子里，搞实业必须专业化。”史玉柱认为，在竞争日益激烈的今天，只有产品比别人更好，商业模式比别人更巧妙，走专业化道路，才能在自己最懂的领域，做深做透，超越对手。

**建议三：失败的教训是最为真实的，低谷是成长的机会**

告别了鲜花和掌声，史玉柱开始了认真的反思。“人在成功的时候总结的经验往往是扭曲的，在失败的时候总结的教训往往是最真实的。失败的时候要认真总结，避免头脑发热。”

一路走来，史玉柱认为一旦一个人的创业遇到困难，进入低谷，千万不要气馁，这恰好是上天给予的最好的成长机会，“这时再认真地总结自己的行为、思维方式和公司经营，做好检讨，公司和管理者才会长高一截”。史玉柱说，在低谷的时候，要及时地总结。趁着低谷的时候，趁着印象深刻的时候，制订规章制度。

此后，史玉柱经常召开内部会议，开展批评与自我批评，认真检视得失成败，总结完善提高。

**建议四：注重企业管理的方法和艺术**

第二次创业，史玉柱选择了保健品——脑白金，在产品和研发都准备就绪后，营销却成了难点，史玉柱选择亲自带队营销和管理。“企业小的时候是靠战术，靠企业家亲自动手带领团队；但是做到了一定规模，一定要讲究管理方法及艺术；等企业扩张到了了更大规模，管理也会力不从心，这时就要依靠企业文化。”

史玉柱直言，企业的管理其实就是用人，而人力的管理最重要的就是两点：员工在企业里能力能否得到充分发挥，给予员工的收入和福利是否到位。为此，史玉柱逐步完善了公司的奖惩制度和激励措施，“只有当企业管理和激励机制建立完善后，才能留住人才和激发员工的潜能”。

**建议五：创业内容要与爱好结合起来**

出身于软件工程师的史玉柱，玩游戏是他的爱好。因为喜爱，游戏也慢慢成为他事业的重要组成部分。“我适合打天下，守业不行，我就培养总裁、副总裁。”脑白金成功后，史玉柱就渐渐淡出了管理，但对游戏却总是爱不释手。慢慢地，史玉柱从一个游戏爱好者成了一个游戏狂人。“每天不睡觉，酷爱游戏，做梦的时候就是游戏。”正是对游戏的喜爱，史玉柱投了 2000 万元成立了专业的游戏开发公司，开始玩自己的游戏。四年间，史玉柱几乎没用过手机，并把大部分精力都放在了游戏的虚拟世界里。如果发现游戏哪个地方不合理，即便是在夜里，他也会把研发人员叫起来，进行更新。

作为一个游戏玩家，史玉柱做的游戏有许多创新，也为他带来了一个月上亿元的利润。史玉柱说:“我的事业与爱好高度吻合。如果你做的事业，你本身不喜欢，觉得很枯燥，就不要去做。”

# 创业有风险，入市须谨慎

创业不是买彩票，光凭运气不行；创业不是儿戏，只有热情靠不住。

一提起风险，很多人就马上将其和失败、亏损联系在一起。其实，这是不全面甚至是错误的看法。对于风险的理解，一般有两个角度。一个角度强调了风险表现为结果的不确定性，另一个角度则强调为损失的不确定性。前者属于广义上的风险，说明未来利润多寡的不确定性，可能是获利（正利润）、损失（负利润）或者无损失也无获利（零利润）；后者属于狭义上的风险，只能表现为损失，没有获利的可能性。

中文的“风险”一词，相传起源于远古的渔民。渔民出海前都要祈求神灵保佑自己出海时能够风平浪静、满载而归。现代意义上的“风险”一词，已经大大超越了“遇到危险”的狭窄含义。无论如何定义风险一词的由来，但其基本的核心含义是“未来结果的不确定性或损失”。如果采取适当的措施使破坏或损失的概率不会出现，或者说通过智慧的认知、理性的判断，继而采取及时有效的防范措施，那么风险可能带来机会，由此进一步延伸的意义，这不仅仅是规避了风险，可能还会带来比例不等的收益，有时风险越大，回报越高、机会越大。因此，如何判断风险、选择风险、规避风险，继而运用风险，在风险中寻求机会创造收益，意义更加深远而重大。

创业风险是指企业在创业过程中存在的各种风险。由于创业环境的不确定性，机会与创业的复杂性，创业者、创业团队与创业投资者的能力和实力的有限性而导致创业活动结果的不确定性，就是创业风险。

创业风险种类繁多，贯穿并交织于整个创业过程，但是这些风险具有一些共同的特征：

客观性。创业本身就是一个识别风险和应付风险的过程，风险的出现是不以人的意志为转移的，所以创业风险的存在是客观的。

不确定性。由于创业所依赖和影响的因素具有不确定性，这些因素是不断变化、不断发展的，甚至是难以预料的，因此造成了创业风险的不确定性。

双重性。创业有着成功或失败两种可能性，创业风险具有盈利或亏损双重性。

可变性。随着影响创业因素的变化，创业风险的大小、性质和程度也会发生变化。

可识别性。根据创业风险的特征和性质，创业风险是可以被识别和划分的。

相关性。创业风险与创业者的行为紧密相连。同一风险，采取不同的对策，将会出现不同的结果。

按风险产生的原因进行划分，可分为主观创业风险和客观创业风险。

主观创业风险，是指在创业阶段，由于创业者的身体与心理素质等主观方面的因素导致创业失败的可能性。

客观创业风险，是指在创业阶段，由于客观因素导致创业失败的可能性，如市场的变动、政策的变化、竞争对手的出现、创业资金缺乏等。

按创业风险产生的内容划分，可分为技术风险、市场风险、政治风险、管理风险、生产风险和经济风险。

技术风险，是指由于技术方面的因素及其变化的不确定性而导致创业失败的可能性。

市场风险，是指由于市场情况的不确定性导致创业者或企业损失的可能性。

政治风险，是指由于战争、国际关系变化或有关国家政权更迭、政策改变而导致创业者或企业蒙受损失的可能性。

管理风险，是指因创业企业管理不善产生的风险。

生产风险，是指创业企业提供的产品或服务从小批试制到大批生产的风险。

经济风险，是指由于宏观经济环境发生大幅度波动或调整而使创业者或创业投资者蒙受损失的风险。

既然创业风险是创业过程中不可避免的现象，那么直面风险并化解风险，是创业过程中的重要任务。

风险识别是应对一切风险的基础，只有识别了风险才可能有化解的机会。同时风险也是一种机会，应该开拓、提高它积极的作用。

创业风险识别是创业者依据企业活动，对创业面临的现实以及潜在风险运用各种方法加以判断、归类并鉴定风险性质的过程。创业者都必须掌握风险识别的能力，并不断提高这种能力。

作为创业者，应该正确树立识别企业风险的基本理念，主要具备以下意识：

有备无患的意识。创业风险的出现是正常的，带来一些损失也是正常的，既不能怨天尤人，也不能骄兵轻敌。关键的问题是要密切关注风险，减少损失，化解不利，甚至转化为盈利的机会。

识别风险的能力。发现和识别风险，是为了防范和控制风险。如果创业者在企业未发生损失之前就能够识别风险发生的可能性，那么这个风险是可能被管理的，因此，风险识别是进行风险管理的基点。

未雨绸缪的观念。创业风险需要创业者通过创业活动的迹象、信息归类，认知风险产生的原因和条件，不仅要识别风险所面临的性质及可能的后果，更重要的，也是最困难的是识别创业过程中各种潜在的风险，为采取有效措施提供依据。

持之以恒的思想。由于创业风险伴随着整个创业过程，同时风险具有可变性和相关性的特点，所以创业者必须要有“持久战”的准备。风险的识别工作应该是连续地、系统地进行，并成为企业一项持续性、制度化的工作。

实事求是的精神。虽然风险识别是一个主观过程，但是必须遵循客观规律。风险识别是一项复杂而细致的工作，要按特定的程序、步骤、选用适当的方法逐层次地进行分析各种现象，并成为企业一项实事求是的评估指标。

创业前期是指在打算创业到创业初期的这个阶段。万事开头难。对于一个第一次创业的人来说，任何低估创业风险都可能使创业计划和事业夭折在摇篮当中。

### 1. 临渊羡鱼

在今天的中国，盈利十几万甚至几十万的故事似乎到处都在上演。不过，对于那些没有大额资本当本钱的人来说，这一切似乎是十分遥远的。

没有大额的资金当本钱就难以致富了吗？答案显然是否定的。没有资本，靠着好点子一样可以圆自己的致富梦。更何况一生下来就拥有财富的人毕竟是少数，与其临渊羡鱼，不如退而结网，放弃一夜致富这不切实际的幻想，脚踏实地地掘好人生第一桶金才是正道。事实上，即使是如今做大生意的老板，他们往往也是从小生意开始做起的。所以说，能不能拥有一个敏锐的商业头脑才是成败的关键。要发展，就不能仅仅停留在仰慕别人的财富上。临渊羡鱼，不如退而结网。

### 2. 无米之炊

创业需要资源，这是常识。创业资源包括人才、资金、市场等。

错误估计市场使很多初创企业面临巨大的风险，如果一个企业的主打产品没有足够的市场，其失败几乎是必然的。

缺少资金也会是很多创业者遭受挫折。事实上，只有企业在经营到一定程度以后，才会有资金的回流。所以创业者必须充分估计到资金的需求量，而且一定要有相当的资金余地，并努力降低创业成本。

但是风险也意味着机会，例如浙商大都出身寒微，起初也是一穷二白，“无资金、无技术、无市场”，但最终“草根”成林。浙江是人均资源综合指数居全国倒数第三的“资源小省”，但现在却成了中国最大的“内资”（主要是民间资金）输出省份。市场上流传一句话：哪里有市场，哪里就有浙商。也有人说：哪里就有浙商，哪里就有市场。这说明作为一个创业者不仅要善于追逐市场，而且要善于创造市场。

**3. 匹夫之勇**

创业如同其他经济活动一样，其本质是以最小的费用取得最大的效用。创业问题不仅涉及技术，还牵涉到天时、地利、人和等诸多因素。尤其是在变幻莫测的市场中，实现经济要求就如同一场永无休止的战争。在日趋激烈的商战中，用心、斗智、出奇、弄巧以达到经济之目的日趋流行。现代的商人和企业家要有战将服的谋略。任何一位出色的企业家都应当是通晓经济竞争技巧的智勇双全的人物。

创业不等于赌博，不仅凭匹夫之勇可以成功的，是更精明的头脑和更可靠的方案，是更长远的眼光和更可行的方法。如果没有这些，创业只是一个玩笑和冒险。

如今的社会是人才化的社会、信息化的社会，体制趋于成熟，消费趋于理智。那种单纯凭借着自己的一技之长，加上胆大妄为就能成为百万富商的年代已经成为过去；光有一点经济实力和一个好的项目就能在业界独占鳌头的时代也已经成为历史。

4. 自暴自弃

卡尔·马克思说:“曾经说过自暴自弃，这是一条永远腐蚀和啃噬着心灵的毒蛇，它吸走心灵的新鲜血液，并在其中注入厌世和绝望的毒汁。”可以说自暴自弃是创业成功的头号天敌。

其实大部分创业者在创业过程中都难免遇到大大小小的挫折，真正一帆风顺的创业者微乎其微。在失败和挫折面前，积极的态度还是消极态度直接决定了创业者未来的命运。向挫折和失败投降的人，永远失去了成功的可能性；而以乐观的态度对于一个创业者和企业来说是至关重要的，跌倒了，可以重新站起来。

5. 计划不明

机遇从来都是垂青有明确目标的人，同样地，失败之神也很少放过那些没有明确目标的人。创业的道路上充满着荆棘和艰辛，不能光凭满腔热情和雄心壮志，还需要明确的目标和实现这些目标的周详计划。

计划不明，意味着行动是盲目的。如果一个盲目的人成功了，那么只能说是歪打正着，是一种偶然的幸运，而绝不能作为成功的经验尊奉。计划是创业过程中具有指导性、方向性的东西，如果计划是错误的或者是不明确的，尤其是关键的地方和步骤不明确，那么失败几乎是不可避免的。

6. 仓促上阵

选择自主创业的人越来越多，但其中也有相当一部分人的创业行为未能成功。在创业的时候，一定要谨慎投资而不能仓促上阵。

对于风险控制，创业者一定要充分重视。史玉柱就是因为忽略了风险从而导致了失败。当年，史玉柱的创业团队刚在某一行业打下一点基础，有了一定的知名度，还没有完全站稳脚跟，就要“多元化”扩张，向自己不熟悉的行业挺进，却没有相应的人才、资金、管理作为后盾，结果搞得身败名裂，全军覆没。关于盲目扩张，史玉柱同样遭遇了急速扩张后的一次重大失败，结果令史玉柱苦心经营的企业不得不宣布另易他主。

在那个充满激情的年月，史玉柱不但敢于冒险，而且非常激进，他走了一个危险的极端——1994 年，巨人集团出台“百亿计划”，要求 1995 年产值达到 50 亿元，1996 年达到 100 亿。“百亿计划”中还有个“巨人大厦”项目——该项目成为后来巨人“休克”的罪魁祸首。

据当事人回忆说，巨人大厦原计划盖 38 层自用。但当听到来视察的一位中央领导说“这个位置很好，为什么不盖高一点”时，史玉柱决定加高到 54 层。后来，又有人建议，干脆盖个全国第一高楼，于是，设想中的巨人大厦被加高到 70 层。

在中国经济过热发展的那个年代，史玉柱认定房地产投资一定能再大赚一笔。因此，对于巨人大厦预算所需的 10 亿元，他不以为然，尽管当时巨人集团全部家当才值 10 亿元，可以用来支付的现金也就只有一两个亿。这分明是一场赌博。

史玉柱将赌注压在了卖“楼花”上。1993 年，珠海西区别墅在中国香港卖出 10 多亿楼花，可到 1994 年史玉柱卖楼花的时候，中国宏观调控已经开始，对卖楼花开始限制，史玉柱使出浑身解数，也只卖掉了1亿多楼花，一个恐怖的资金黑洞开始呈现在他面前。1996年，巨人大厦终因资金链断裂而停工，先期购买了巨人大厦楼花的人纷纷上门要求退款。同时，巨人集团的财务危机爆发，保健品业务一落千丈。巨人陷入困境。如果史玉柱能够坚持现在的理念——做专、做透再谋求扩张的话，史玉柱就不会在巨人大厦这个问题上摔跤了。

## 创业心得

史玉柱说，经营企业不求发展速度，但追求安全第一。经历创业生涯首次惨败后，史玉柱完全领略到“好大喜功”带来的后果。善于“豪赌”的史玉柱，曾经在没有资金、电脑及公司的情况下，获得第一桶金，风头一时无量。其后，他创办的巨人集团突然推出“百亿计划”，锐意兴建全国最高的巨人大厦，惹来市场一阵佳话，但最后因资金周转不灵，令项目烂尾收场。一向习惯享受成功滋味的史玉柱，被狠狠地当头棒喝。史玉柱承认，当时根本没有足够的财力去建巨人大厦，完全没有想过“量力而为”的重要性，最终尝到胜利冲昏头脑的恶果。“自1989年创业至1995年期间，我的事业一直太顺利，矛盾积累一段时间后就会犯错误”，他叮嘱现今的企业家，“在成功的时候要特别小心，并要更加理智，否则当你取得成功时，失败也不远了”。史玉柱在此役惨败后，深深体会到此句谚语的真正意义。

“巨人大厦的倒下，是他最痛苦的时候，如今仍记忆最深刻。曾经‘打的’都没有钱，要坐公共汽车。”吸取“好大喜功”的教训后，史玉柱认为，经营企业要首先追求安全，“凡事要按部就班，发展太快不是好事，待企业健康时再慢慢发展”。同时，过去从不反省的他，如今学会了自我反省。史玉柱说，一个人要学会控制自己的贪念。企业家的冒进，可能并非完全出于贪念，但风险控制，尤其是财务上的风险控制，应该是一个企业家的基本功。

在高校毕业生就业形势严峻的今天，自主创业促进就业不失为另一种选择，但自主创业之路并非是一帆风顺的。成功不一定可以复制，但成功的经验可以借鉴。为此，青年创业者应具备的一定的创业素质，这样才能将创业风险降到最低。

亲身感受先进企业是怎样运转的。在创业之前，青年创业者最好到先进的公司去工作几年，亲身感受一个企业是怎样运转的，员工是如何敬业和富有责任感的。一个先进的公司一定要有自己独特的核心价值观，这是统领员工思想的核心管理手段。

要有能满足市场需求的产品。很多青年人创业，多数寻求一个自认为独一无二的产品概念。但当代社会已是知识经济社会，独一无二的产品概念几乎不存在了。消费者购买某种产品，并不是为了占有或获得产品本身，而是为了获得能满足某种需要的效用或利益。

有没有能力融资到足够的资金。在创业过程中，觅到足够的创业资金是创业的关键一步。而对于刚刚走出校园的青年创业者来说，融资难已成为创业过程中首先需要解决的问题。在这种现实情况下，融资的顺序应该是：自己的积蓄、父母的血汗钱、亲朋好友的钱，然后才是风险投资机构的资金或银行的贷款。

是否有能力组织一个核心团队。核心的团队是初期创业企业的灵魂。核心团队是由创业初期的知心朋友或亲属组成的一个共同体，该共同体合理利用每一个成员的知识和技能协同工作，解决问题，达到共同的目标。

## 要想创业成功，自我反省必不可少

反省是认识错误、改正错误的前提，对创业者来说，反省的过程就是学习的过程。

作为一个创业者，遭遇挫折，碰上低潮都是常有的事，在这种时候，反省能力和自我反省精神能够很好地帮助你度过难关。孔子说："吾日三省吾身。"对创业者来说，问题不是一日三省吾身、四省吾身，而是应该时时刻刻警醒、反省自己，唯有如此，才能时刻保持清醒。

有人这样问过史玉柱："谁是你最佩服的企业家？"

史玉柱说："我敬佩联想集团的董事长柳传志。"

史玉柱曾公开表示，"我跟柳传志聊过，柳传志给了我很多管理上的经验。我非常感谢柳传志在创业时对我的帮助。那不是金钱上，而是精神和思想上的帮助。”

的确，就企业经营思路而言，“泰山产业研究院”中对史玉柱影响最大的就是柳传志。柳传志是“泰山产业研究院”的院长，史玉柱的巨人集团陷入困境之后，他曾给史玉柱讲过不少经营企业的道理，比如什么样的企业文化是健康的、实用的。

受柳传志的影响，史玉柱在复出之后，深刻总结了巨人失败的教训，抛弃了以前巨人集团动辄就提空洞口号的企业文化，转而在企业文化中强调实用性。

对于年轻人创业，柳传志始终给予支持态度。2001 年 3 月 31 日，史玉柱第二次进入央视《对话》节目时，与之对话的嘉宾之一便是柳传志，另外还有四通集团董事长段永基，以及中国民营科技实业家协会秘书长华贻芳等人。节目的主题是《史玉柱是否适合做一个 CEO》。

在节目中，华贻芳提到巨人集团出事之后，他曾写过一首打油诗交给史玉柱，这首打油诗的内容是:“不顾血本，渴求虚荣；恶性膨胀，人财两空；大事不精，小事不细；如此寨主，岂能成功。”这首打油诗后来被史玉柱挂到了办公室的墙上。

柳传志对史玉柱的反省表示了肯定态度。他说:“我以前一直说不喜欢史玉柱，我基本不怎么跟史玉柱打招呼，原因就是感觉到他后来要出大娄子，而且我觉得他浮躁。过去我觉得讲了，他也未必听。我觉得是年轻人表示一种谦虚，来问你一下，我何必跟他说呢？所以我就没说什么。”

对于史玉柱反省自己，想要重新做大，柳传志则提出许多中肯的建议，并且表示："老华给他写这么难听的东西，他拿来往墙上一贴，这就说明他要改，而且敢于在众人面前解剖。人家说他可怜也罢，怎么也罢，他愿意坐在这里听，他就是有这种要求。"

柳传志说："其实幸福是什么？不就是一个目标我达到了，再立一个目标又达到了，这就是幸福。改的人有这种感觉，所以他也不太难过。"

后来，史玉柱曾在《赢在中国》第三赛季中对选手说过这样的话："我给你提两点建议。第一点你不要提成为中国第一这个口号。提这样一个口号实际上对一个刚起步的企业来说，某种程度不是好事。我过去也提过这个口号，当时我说我要做中国的 IBM，中国的第一，但最后我摔得很惨。现在回过头来看看，那个东西是虚的。……"

这一次，史玉柱是真的"听"进去了。

作为商人，遇到挫折是经常发生的事。在这种时候，能反省和自我反省能帮人渡过难关。孔子说："吾日三省吾身。"光一日三省还不够，还要向别人学习要虚心，盲目自大会给自己设置重重障碍。

1997 年，因为珠海巨人大厦的贪大，史玉柱欠债上亿，成为名副其实的"中国首负"。史玉柱回想自己这段历史时说："债主们纷纷上门，资金流完全瘫痪，那时候就是穷，债主逼债，官司缠身，账号全被查封了。穷到什么地步？刚给高管配的手机全都收回变卖，整个公司里只有我一人有手机用，大家很长时间都没有领过一分钱工资。"然而，短短 10 年时间，史玉柱不仅清偿了债务，还迅速完成了新一轮资本积累，直接为后来进军最感兴趣的网游市场铺平道路。不过，由于有了巨人大厦的失败，史玉柱自称变为了"完全的保守主义者"，目前他最在乎的事情，就是公司的现金流。“账上有5个亿趴着，心里就不再害怕”，史玉柱说。

巨人上市后，史玉柱依然不忌讳谈到那次失败，他说：“恰恰是一段失败的经历，使我赢得了华尔街的信任。因为没有失败经历的创业者，不知道什么是风险。”从史玉柱身上，我们可以看到，要想成功更重要的是发现自己的不足，完善自己的性格，只有这样才能在事业中不断前进，实现自己的梦想。因此，善于反省的创业者可借此实现自己的人生愿望。如果创业者能够不断反思自己所处的境况，并努力地寻找种种解决问题的方法，从中悟到失败的教训和不完美的根源，并能全力以赴去改变，这样创业者就可以脱胎换骨，成为能够巧妙运用能力与思想，直至获得成功的智者。

没有这种深刻的反省和感悟，人们常常会因为疑虑困惑而停滞不前，甚至不肯迈出一小步。他们会一直等待，不敢前进，好像前面是万丈深渊似的。他们不愿意全力以赴，更不会破釜沉舟，因为根本不知道问题出在哪里。只有弄明白如何改进以后，创业者自身才会充满力量，可以不依赖外界的力量塑造自己，激发出创业者潜在的天赋和资源，成就光辉的未来；才会在最恶劣的情况下，坚信一定会有出路，一定会有机会使创业者从失败转向成功。一个学会了反省的创业者，世界上再没有任何艰难险阻可以阻碍他走上成功的道路。

对于那些创业者来说，失败并不是足以让他们失去创业信心的因素，而是没有反省的意识和决心，不能正确地评价自己，不知道自己的缺点和不足。反省自己，对自己做正确的自我评价非常重要。

## 创业心得

史玉柱指出，要想创业取得成功，反省自己的失败必不可少。因为反省对于那些失败的创业者来说实质上是一种学习能力。创业是一个不断摸索的过程，创业者就难免在此过程中不断地犯错误。反省，正是认识错误、改正错误的前提。对创业者来说，反省的过程，就是学习的过程。

以下是创业者需要反省自己的几个误区：

**1. 创业者需要良好的教育背景**

总的来说，曾经接受过良好教育的人，做起生意来会容易一些，这是不用怀疑的。但是能不能创造工作成果的关键在于创业者是否继续保持学习的心态和学习的能力，而不是那一张文凭。

**2. 创业者必须比别人来得聪明**

聪明人固然反应快些，但追求成功的旺盛企图心，却未必比另一位智力中等、竭尽所能的创业者强。同时，生意上大量的决策，往往不是靠聪明脑袋想出来的好点子来决定，而是依靠全面、缜密地调查分析才得出的。

**3. 创业者得有充足的资本**

商业圈里资金缺乏是普遍现象，资金不足并不是创业的绝对障碍，您可以从不需要大量资金的小生意做起，或是把您的创业计划缩小，再不然您还可以把它拆作几个分块。总之要先行动起来。

4. 创业者先有足够好的构思

真正好的构想，常常是在不够好的构想上经历市场不断完善而成的，是在经营过程中不断的调整到位的。

5. 创业必须不择手段

我们不敢说商场上没有诡诈，但愈是做正经生意、长生意或是大生意，诡诈的作风愈是没有作用。创业的目标是有经济效益的同时也要有社会效益，做一个让人尊敬的企业家。

6. 创业的目标是一夜暴富

创业是一个艰辛的历程，初创阶段的企业所面对的困难往往令创业者的个人和家庭生活都受到影响，财政上承受着巨大压力，万一创业失败还要承担失败所带来的一系列后遗症。创业者运用自己有限的资源去改变现状和命运，需要一个过程而不是一夜暴富。

7. 创业者都是赌徒

事实上创业者比任何人都应更具备风险意识，他们愿意冒险，但冒的风险是经过严谨计算并可以有效控制的风险。

8. 钱是创业者唯一追求的目标

钱不是企业存在的唯一目标，单纯追求利润，尤其是短期利润的企业是难以长久的，也要去完成创业者的社会公民责任。

9. 追求短期成功的快钱

创业之路就像走一条漆黑的隧道，在看到曙光前都将会是一片黑暗。看到光明前的心理承受能力和实现理想的执著，是决定成败的重要因素。真实的创业故事都不是一帆风顺的，你必须在创业前

全部是从细分市场开始的，所谓最伟大的公司——Facebook，也是从地域性开始，从哈佛大学宿舍开始，到哈佛大学一群人，后来变成让人恐惧、让所有传统行业感到恐惧的巨人，所以不要小看细分市场。

市场细分后的子市场比较具体，比较容易了解消费者的需求，企业可以根据自己的经营思想、方针及生产技术和营销力量，确定自己的服务对象，即目标市场。针对较小的目标市场，便于制订特殊的营销策略。同时，在细分的市场上，信息容易了解和反馈，一旦消费者的需求发生变化，企业可迅速改变营销策略，制订相应的对策，以适应市场需求的变化，提高企业的应变能力和竞争力。

在网络游戏行业里，免费游戏按照道具收费的新商业模式，已经确立并成熟起来，几乎所有的网络游戏公司都在遵照这样的商业模式，包括当年曾经坚决抵触免费模式的网易公司也开始推出自己的免费模式游戏。“免费玩家带来人气，而游戏装备和道具则带来收入。”这一道理似乎已经被多数业者看得非常清楚。

2007 年 5 月 20 日，巨人网络宣布，经过两年多的市场运营，《征途》成为全球同时在线突破 100 万的第三款网游。为满足喜好收费模式的玩家，在宣布在线突破百万的 3 个月后，8 月 16 日，《征途》另开“时间区”，仅按时间收费，每小时 0.3 元钱（主流的游戏收费标准为每小时 0.5 元），取消所有收费道具。这标志着《征途》由单纯免费模式转变为免费、收费模式双轨运行。

这是因为我们觉得市场已经到了细分阶段，还是会有大概 1/3 的玩家喜欢点卡收费模式，这部分玩家的特征一般是时间宽裕，消费能力相对较低，并且更认同单纯花时间做人物升级的游戏理念。而有钱没时间或没钱有时间的这两部分玩家，则更适合免费区。

大型网络游戏的主要游戏类型是 MMORPG（Massive Multiplayer Onlie Role-Playing Game，如《征途》、《魔兽》），对其用户群有一定的要求，要求有一定的经济收入和游戏时间，所以它的用户群多为学生族、白领。

“我要吸引到几乎所有的中国 2D 类 MMORPG 游戏玩家，占据这个细分市场的绝对份额。”这是史玉柱的目标，他也确实这样做了。

征途的游戏流失率也是最低的。我们至今还没有找到一款游戏，流失率低于《征途》的。这就说明玩家来了以后是不走的，如果是黑的游戏，如果是像被媒体给描述那么黑的游戏，那流失率应该是很高的。毕竟黑的玩不起，因为很贵。我们这个游戏是这样设计的，首先对有钱人的需求，《征途》为他制造了商品在里面。对于有一点钱的，《征途》也为他制造了商品，包括消费水平极其低的下岗工人、学生。一点钱都没有的，《征途》也为他制造了商品。《征途》差不多 70%的玩家在里面是一分钱不花的，他们也玩得不亦乐乎。

免费并没有使想玩游戏的人完全融合进去。还有一部分人既没有太多的时间，也没有太多的金钱。对于这部分人，史玉柱想到了利用时间区来吸引，从而更多地占有了市场份额，并且这种“出奇制胜”的做法可以打击竞争对手。

从刚一开始就称《征途》免费不再收费，而现在又回到收费模式，很多人怀疑是因为《征途》的免费模式赚不到钱。对此，史玉柱的解释是:

很多人，包括许多关心我的朋友都有一个错误的认识，以为《征途》推出收费模式就是彻底摒弃免费模式了，我这里要再次声明，《征途》免费区依然是绝对主流，从来没有放弃过。我们采取的是收费模式和免费模式并行的双轨制，而且收费区和免费区是互相隔离的，避免出现严重的贫富分化。

免费模式赚了多少钱，这是商业机密，但大家可以看看我们的在线人数。从2005年《征途》推出免费游戏到现在，最高在线人数已经达到100万，（这）充分证明了免费运营模式的成功。

我们之所以推出收费模式，是因为调查表明，仍有少部分玩家喜欢最传统的时间收费模式。而且在整个市场上，很多收费网游都开始推免费模式的产品，比如丁磊前不久就公开说自己要做免费网游，那么我判断在收费网游这块将出现空白，这对我来说是一个机会，于是就推出这样一个双轨收费制。”

史玉柱还认为，免费《征途》的收入还是会大大超过收费《征途》，但他同时也承认，预计将会有30%的免费《征途》玩家和70%的其他游戏玩家涌向收费《征途》。

据有关资料显示，传统收费游戏普遍存在“泡菜”现象——需要长时间“泡”在游戏中打怪练级，枯燥单调。然而，《征途》“时间区”保留了自动寻路、自动打怪等功能，以缓解游戏疲劳，让游戏轻松又好上手。

同时，“时间区”还会保留免费版独创的泡温泉、骑车、赛龙舟、种植、运镖、太庙等升级方式，让练级绝不仅限于打怪。

值得一提的是，“时间区”保留了玩家喜欢的“替身宝宝”功能，让玩家睡觉也能升级。

而对于这种双轨制会不会成为以后国内网游的主流资费模式的问题，史玉柱的回答是:

“很难说，(但) 不是所有的网游都适合双轨收费的模式。一般来说，免费网游增加收费模式要容易一些，玩家心理上也更容易接受一些，因为肯定喜欢免费玩游戏的人还是多一些；但收费网游同时运行免费模式就说不准了，玩家会认为，既然免费也能玩，那我何必还待在收费区呢？这样就会造成一个自身游戏的玩家流失，变成‘左拳打右脸，右拳打左脸’。”

“就目前中国网游市场来说，免费网游应该还是一个发展方向，毕竟经济水平决定了消费方式。我现在所做的，就是提供多种消费方式给游戏玩家，这也符合目前中国网游玩家的分层定位。”

总体来看，《征途》在面对网络游戏行业激烈竞争局面时，并没有像其他网络游戏企业一样去积极开拓“蓝海”，而是扎根于现有用户群，充分挖掘核心用户群的潜力，对商业模式进行创新，以期最终取得突破性发展。

对于创业者而言，目前的市场更加规范透明了。在这种情况下，创业者所在的小企业要与大公司去竞争抗衡，这个成功的几率更小了，也就意味着创业者的付出要更多。

市场细分在发现市场需求上，提供给了初创企业生存的土壤。创业者利用市场细分可以贴近目标市场，发现需求的差异性，并根据此进行市场选择，这无疑就形成了初创企业的战略，并对短期的战术产生根本的影响。那么，创业者如何进行市场细分？

1. 依据需求选定产品市场范围

产品市场范围应以市场的需求而不是产品特性来定。比如，一家住宅出租公司，打算建筑一幢简单的小公寓。从产品特性如房间大小、简单程度等出发，该公司可能认为这幢小公寓是以低收入家庭为对象的，但从市场需求的角度来分析，便可看到许多并非低收入的家庭，也是潜在顾客。举例来说，有的人收入并不低，市区已有宽敞舒适的居室，但又希望在乡间再有一套房，作为周末生活的去处，所以公司要把这幢普通的小公寓，看作整个住宅出租业的一部分，而不应孤立地看成只是提供低收入家庭居住的房子。

2. 列举潜在顾客的基本需求

选定产品市场范围以后，大致估算一下潜在顾客有哪些需求，这一步能把握的情况有可能不那么全面，但却为以后深入地分析提供了基本资料。比如，这家住宅出租公司可能会发现，人们希望小公寓住房满足的基本需求，包括遮蔽风雨，停放车辆，安全，经济，设计良好，方便工作、学习与生活，不受外来干扰，足够的起居空间，满足的内部装修、公寓治理和维护等。

3. 分析潜在顾客的不同需求

向不同的潜在顾客调查了解，上述需求哪些对他们更为重要。比如，在校外租房住宿的大学生，可能认为最重要的是遮风蔽雨、停放车辆、经济、方便上课和学习等；新婚夫妇的希望是遮蔽风雨、停放车辆、不受外来干扰、令人满意的公寓治理等；较大的家庭则要求遮蔽风雨、停放车辆、经济、足够的儿童活动空间等。这一步至少应进行到有三个分市场出现。

4. 移去潜在顾客的共同需求

现在公司需要移去各分市场或各顾客群的共同需求。这些共同需求固然很重要，但不能作为市场细分的基础。比如说，遮蔽风雨、停放车辆和安全等项，几乎是每一个潜在顾客都希望的。公司可以把这些当做产品决策的重要依据，但在细分市场时则要移去。

5. 分市场暂时取名

公司对各分市场剩下的需求，要做进一步分析，并结合各分市场的顾客特点，暂时安排一个名称。

6. 进一步熟悉细分市场的特点

现在，还要对每一个分市场的顾客及其行为做更深入地考察。看看各分市场的特点把握了哪些，还要了解哪些，以便进一步明确，各分市场有没有必要再做细分或重新合并。比如，经过这一步骤，可以看出，新婚夫妇与结婚多年的夫妻的需求差异很大，应当作为两个分市场。同样的公寓设计，也许能同时迎合两类顾客，但对他们的广告宣传和人员销售的方式都可能不同。企业要善于发现这些差异，要是他们原来被归属于同一个分市场，现在就要把他们区分开来。

7. 测量各分市场的大小

以上步骤基本决定了各分市场的类型。紧接着应测量各分市场潜在顾客的数量。因为企业进行市场细分，是为了寻找获利的机会，这又取决于各分市场的销售潜力。不做这一步是很危险的，有的分市场进行分析和评价，最后选定对你最有利的一个或几个细分市场作为你的目标市场。下面就介绍一下评价细分市场的方法。在评价细分市场时，必须要考虑一下因素：

**1. 细分市场的规模与发展**

创业者要提出的第一个问题是：潜在的细分市场是否具有适度规模和发展特征。“适度规模”是个相对的概念。大公司都重视销售量大的细分市场，往往忽视销售量小的细分市场，或者避免与之联系，认为不值得为之苦心经营。同时，小公司也避免进入大的细分市场，因为过大则所需投入的资源太多，并且对大公司的吸引力也过于强烈。

细分市场发展通常是一个理想的特征，因为企业一般都想扩大销售额和增加利润。不过，竞争对手会迅速抢占正在发展的细分市场，使本企业利润减少。

**2. 细分市场结构的吸引力**

细分市场可能具备理想的规模和发展特征，然而从赢利的观点来看，它未必有吸引力。波特认为有五种力量决定整个市场或其中任何一个细分市场的长期内在吸引力。这五种力量是：同行业竞争者、潜在的新参加的竞争者、替代产品、购买者和供给商。

**创业心得**

史玉柱说，作为一个创业者，市场细分是创业成败的关键。因为这对创业者来说，不仅容易成功，而且成本也会低廉很多。做细分市场，也就是特殊需求市场，相对大市场来说，投入肯定要少得多，竞争也不会那么激烈，对经营者的经营、管理水平要求也不会像面对大市场那样高，比较适合创业者。创业者要解决的问题是，如何先于竞争者发现合适的细分市场。在这方面，除了创业者处处留心，多看、多想外，还可以尝试运用“树枝法”来对市场进行理性分析。运用这种方法，会比较容易发现那些容易被人们疏忽的环节，从而发现新的市场机会。

# 做好样板市场，不能盲目扩张

企业资金实力再雄厚，也只能在几个重点行业、重点地区、重点产品上下工夫，如果没有重点平均用力，必然会失败。

在史玉柱的营销中，样板市场是其做强做大的一个重要因素，史玉柱说："在营销手段的使用上必须有一个重点，必须加大人力、物力、财力，做重点地区，使用重点手段，做深做透。一个企业资金实力再雄厚，也只能在几个重点行业、重点地区、重点产品上下工夫，如果没有重点平均用力，必然会失败。"要想创业成功，应该先做试点，不要盲目扩张。脑白金的成功就是因为做了试点，最先启动的是江阴市场，先做一个县，他花了10万元广告费打开江阴市场，并很快就产生了热烈的市场效应，选择江阴是为了更好地把农村和城市市场衔接起来，而10万块钱在上海还不够做一个版的报纸广告。正是这种营销思路使脑白金在保健品的“红海”里游刃有余。

其实当时史玉柱的资产曾是负2亿元，可史玉柱的兜里还有一张牌，那就是脑白金。事实上，这款产品的研发在巨人危机爆发之前，就已经基本结束，直接生产后，就可以马上投放市场。新公司的思路包括产品来源都已经有了，就是没有钱。史玉柱向一位朋友借来了50万元启动资金。史玉柱说：“我以前借给过他500万元，现在我向他借50万元，借期半年，他肯定借给我。”史玉柱拿出5万元，先给他的打不散的30个江东子弟兵补发了拖欠的工资，稳定军心，鼓舞士气。15万元给了无锡一家公司生产脑白金，留出15万元作预备资金，剩下的15万元全部砸向了江苏省江阴县。

史玉柱每次谈到巨人的复苏，都会提到“江阴调查”。在他看来，江阴调查是巨人危机后的一个分水岭，他从那个时候起对巨人的东山再起有了信心。那时，他常常戴着一副墨镜走街串巷地调查：如果有一种药，可以改善你的睡眠，可以通便，价格如何如何，你愿不愿意使用它？走访百余人后，他以脑白金技术员的身份，在一个街道搞了个座谈会，发现产品反馈效果特别好。史玉柱说：“有人甚至说，老人斑都褪了。”“有这么好的口碑，我就能预测到全国的市场。”在这个阶段，史玉柱的营销策略是以“推广概念”为核心，主要通过小广告、新闻报道、健康常识等一切可以利用的形式，向潜在的消费群体灌输“脑白金”的概念。

史玉柱在江阴不仅恢复了信心，而且获得了实实在在的收益。第一个月，他赚了15万。史玉柱拿着这15万加上15万元预备资金，全部投入无锡市场。第二个月就赚了100多万，接下来是南京市、常州市、常熟市，江苏市场很快全面启动。研究样板市场不仅可以探索推广方案、锤炼销售队伍和优化管理，而且还可以减少企业成本和风险。但许多创业者心态浮躁，不扎实地去做样板市场，而是忙于招商圈钱，最后钱花了不少，而结果却不尽人意。史玉柱多次告诫创业者："企业要想在全国扩张，首先要扎扎实实做好样板市场，一个市场一个市场来，而不能好大喜功，痛快一时，痛苦终生。"对于创业者而言，如果没有搞好市场调查而盲目扩张，那么失败的结果将是惨痛的。

市场调研与打造样板市场是十分重要的。那么，如何深度打造样板市场？打造样板市场前究竟该做哪些准备工作？下面我们为创业者详解。

1. 调研先行

调研是打造样板市场的第一步。通过详细的市场调研，对预确立的"样板市场"能有一个整体上相对清晰的认识，为进一步的市场决策提供主要参考与依据，调研主要内容包括：

（1）市场规模调研：明确是否有作为样板市场的潜力；

（2）目标消费群调研：清晰消费群体的消费特点、心理、行为、场地等；

（3）竞品调研：竞品的产品、渠道、价格、传播与促销策略及营销组织等；

（4）渠道调研：渠道类型、经营状况等；

（5）终端调研：核心终端状况、进入成本等；

（6）媒体调研：媒体环境、主流媒体等；在如今媒体泛滥的今天，“样板市场”的选择上尽可能倾向于媒体环境相对“单纯”的市场。

**2. 策略规划**

在调研的基础上进行样板市场的整体规划，规划是打造样板市场的总纲，是具体执行的指导性文本，策略规划的内容主要包括：

（1）主要目标：明确区域时间内的销售目标、市场目标等；

（2）销售模式：采用何种分销模式：直营、经销、混合式；

（3）市场策略：产品、价格、渠道、传播与促销策略及营销组织的确立；

（4）推进进程：明确执行进度时间表与责任人及达成成果；

（5）费用预算：给整体规划算清账目。

**3. 组织保障**

（1）组织架构的设计：明确指挥与协调系统；

（2）岗位职责说明：明确各岗位人员工作职责与任职要求；

（3）绩效考核：明确各岗位主体 KPI 指标，制订绩效考核办法。

**4. 执行推进**

执行推进过程中，一要强调事前的培训，让团队明确整体策略和执行要求，过程中对照“推进进程”进行强化对执行能力的考核与检讨。对于“推进进程”中无法达成的主要执行项目要进行检讨与研究，做出针对性的补救与修正。

**5. 总计评估**

整个样板市场打造进程中，要进行多次阶段性总结与评估，对于前期所执行的工作要进行经验与教训梳理，针对性对整个市场规划做出适度调整与修正，为进行区域性市场复制提供参考。

## 创业心得

对于一个中小型企业来说，建立战略市场是至关重要的。中小型企业本身不具备大型名牌企业的规模与实力，在人才、物流、资金、生产规模等方面远远不足，如果一旦进行全国性的招商，莫说由于各方面的脱节造成了招商的失败，即使侥幸成功了，就单凭企业微薄的实力又能够有效的对全国性市场进行控制管理吗？又能对经销商进行及时的供货吗？很可能在某一个方面照顾不到就会导致全盘失败。所以，中小型企业应该认清自身资源的现状，有效的对现有资源进行整合。从区域最终到全国是个过程，从无形到有形也是个过程，从知名到心中首选更是一个过程。

**1. 设计完整的视觉识别系统，并切实推广**

在国内，CIS（企业识别系统）已经导入多年。其中CIS中很重要的一个环节——VI（视觉识别系统）在全国性的市场建设过程中起着巨大的作用。但是很多公司并没有在这个环节下过多的功夫，最终也就导致了产品在全国形象不统一，比如专卖店的装修不统一、产品的包装不统一、产品的广告不统一等诸多问题。

做企业的过程，本身就是一个做品牌的过程。那么这个品牌的形象建设也就应该上升到一个战略的高度来看待。有了一套完整的

VI设计后，首先就应当在样板市场中切实的应用。而在推广过程中就更应当发挥样板市场或样板店的榜样作用，敦促全国的经销商或加盟者以统一的VI形象来进行展示，做到品牌形象的高度规范化与统一化。否则品牌形象就不能牢牢的扎根于消费者的心中，辛苦的经营就不会换来应有的宣传效应。

**2. 有效实现规划化经营，研发出一套切实可行的运营守则**

样板市场不是只让加盟者看一看就能领会真知的，所以这就需要企业在运做样板市场时积累一套有效的模式。这一条模式必须是经过实践考验得出来的，具有较为广泛的通用性、延展性、可复制性，必须将日常所遇到的问题、问题的处理方法、人力管理模式、财务运营模式、宣传推广模式、商品陈列与摆放，甚至销售案例等诸多模式进行有效的组合。

# 做好市场调研，离市场越近的人越容易成功

离市场越近的人越容易成功，做营销的人不要迷信专家，也不要迷信书本。谁是我们最好的老师？消费者，只有消费者是我们最真实的反馈。

著名的营销大师特劳特曾说过，营销是一场认知之战，而不是产品之战，CEO 必须要掌握营销，必须掌握消费者心中的认知，得到消费者的认同。面对任何负面的消息，史玉柱都显得有些理直气壮——让消费者说了算。

“我啥都不管只关心玩家的意见。”史玉柱这么说。史玉柱凡遇到有关产品设计的话题，他都会兴致盎然地跟你仔细讨论每一个细节。他

每天玩游戏，对他而言，这就是工作。在玩游戏的时候，史玉柱只开两个窗口，一个是游戏的主界面，另一个是研发组的 MSN 群，“发现问题我直接在群里面和他们探讨”。史玉柱每天花 15 小时听取玩家的意见，

“我睡眠时间相对比较短，剩下时间都在跟玩家交流”。在他的原始想法里，整个人类的文明史都应该被囊括进去，玩家可以体验从原始人到未来世界的进化过程。

阿基米德说:“给我一个支点，我就可以撬动地球。”而史玉柱成功的支点正是他出神入化的营销手段。

史玉柱说:“我一直认为，营销学书上的那些东西都是不可信的，和他们想法相反的，倒可以试一下。营销学诞生于美国 20 世纪初，事实上是当时美国几大广播公司搞出来的，目的就是为了让企业投放广告。最好的营销老师就是消费者，如果有好的产品、好的营销，队伍过硬，就能打开市场。”

史玉柱还指出，脑白金品牌的策划，完全遵守了“21 原则”，即花 30%的精力服务于消费者，把消费者的需求放在第一位；投入 20%的精力做好终端建设与管理；只花 10%的精力用来处理经销商关系。之所以要花费大量的精力在消费者身上，史玉柱认为：营销是没有专家的，唯一的专家就是消费者，也就是你只要能打动消费者就行了。

保健品市场当初竞争那么激烈，在一片“红海”深处，史玉柱用脑白金、黄金搭档创造了一片“蓝海”，大获成功。究其原因，史玉柱认为:“我的成功没有偶然因素，是我带领团队充分关注目标消费者，做了辛苦调研而创造出来的。”

史玉柱认为，要想搞出好的策划方案，就要去了解消费者，但消费者又是最难了解的，所以为了加深对消费者的了解，就得花费大量的时间。

传统的商业思维是有了一个好的产品，再根据产品去找市场。史玉柱的逻辑却恰恰相反，他是先在一个广阔的市场中研究消费者，然后再根据消费者的需要定位自己的产品。

2003 年，史玉柱驾驶着自己的奔驰轿车一边游山玩水，一边做市场调研，走遍了中国除台湾、澳门之外所有的省、市、自治区。

他深入调查后发现，在中国，至少有 70%的女性存在睡眠不足的问题，而老人存在睡不好觉问题的竟有 90%之多，并且老人和妇女还存在另外一个共同关心的问题，那就是衰老。

这是一个现存的、大得几乎让人难以想象的市场机会、最重要的是在这个市场内缺乏明显的领导品牌。于是，针对这些消费需求，脑白金以及其后的黄金搭档强势出击。

一开始，脑白金的推广并不顺利，但是，只要认准的事，史玉柱绝不轻易放弃。

正是看到许多中老年人失眠、肠道不好的“迫切需求”，脑白金改变了传统的胶囊形式，推出了“1+1”的产品模式：胶囊管睡眠，口服液管肠道，刘伟称:“脑白金这个做的很绝。”

之后，黄金搭档的广告词更是直白:“黄金搭档送长辈，腰好腿好精神好；黄金搭档送女士，细腻红润有光泽；黄金搭档送孩子，个子长高学习好。”这样的广告被斥为俗气，但它却牢牢抓住了每一个目标受众的心。

同样的原理的方法，在决定进军网络游戏市场的前夕，史玉柱也进行了大量对游戏玩家的研究。

顾客的需求就是商机。作为一个企业，把握住消费者的需求才能在商战中获胜。不要被固有束缚，用发散性和逆向思维思考问题。抓住时代的脉搏，知道消费者想要什么产品或服务。然后不断改进营销方略，争取最大的市场份额。

《孙子兵法》里说，知己知彼，方能百战不殆。只有弄清楚自己的企业到底需要什么，消费者到底需要什么，才能找到适合自己的营销手段。

史玉柱认为，营销没有专家，要做好一个产品，在前期论证阶段必须有大量的时间泡在消费者当中。

“我培养了一支队伍，要求他们每个月至少要跟100个消费者进行深度交谈。”这可能是脑白金连续5年被评为“十差广告”之一，但仍能保持一定销售额的根本原因。

所以，从根本上说脑白金的成功正是史玉柱对消费者的深入研究获得成功的典型案例。由此我们发现，史玉柱的绝招是，卖什么并不重要，关键是要满足消费者的需求，可以是身体的需求，也可能是心理上的需求。

也许有人会认为，“能把冰卖给爱斯基摩人”的人，才是营销天才。世界著名的营销大师唐·舒尔茨在中央电视台《对话》节目中却表示，“能把冰卖给有需要的中东人，才是真正的营销天才，因为那里的市场更大。”

经历了人生最低谷的史玉柱显得保守而谨慎，他说：“自从三大战役失败之后，我就养成了一个习惯，谁消费我的产品，我就要把他研究透。一天不研究透，我就痛苦一天。”

史玉柱在开始卖脑白金之前，就针对产品的市场需求做了深入的调研。他并没有像常人想象的那样，首先动用他擅长的广告营销，而是开始了对当地消费者的深入调查和了解。

后来有文章说，那些年，在江阴市的大街小巷，那个戴着墨镜、个子很高，但是身体很瘦的年轻人，走村串镇，挨家挨户寻访，他就是史玉柱。

白天，社区里的年轻人都出去工作了，在家的都是些老头、老太太，半天见不到一个人。史玉柱一去，这些人纷纷出来，终于找到个可以说话的人，于是，史玉柱就搬个板凳坐在院子里跟他们聊天。

在和老人拉家常的过程中，史玉柱开始了他的市场调查。他问这些留守的老人，吃过保健品吗？如果可以改善睡眠，是否会买？……调查的结果是，保健品很多老人都想吃。但现实的问题是，一般的老人比较节俭，舍不得花大钱购买保健品。

这些老人告诉史玉柱，吃完保健品后会故意把空空的盒子放在显眼的地方，以暗示子女保健品已经没有了。但是儿女们想的不是钱的问题，他们只希望保健品效果好、有用，不会太计较价钱。

种种迹象让史玉柱大受启发，他敏感地意识到这个市场里存在很大的商业机会，只是没有被开发出来。于是脑白金销售之初便打出了

“今年过节不收礼，收礼只收脑白金”的广告语，通过满足儿女们对老人的孝心、亲情，来促成产品的销售。正好解决了保健品市场消费者与买单者脱节的问题。

至于后来对于网游市场的营销，史玉柱曾一再向媒体表示：“很落后，这个行业最不重视对消费者的研究。”

在网络游戏界几乎没有一个领军人物能够像史玉柱那样玩游戏一玩就是20多年。并且史玉柱喜欢在游戏中与玩家交流，听取玩家的意见和建议。从这个角度来说，正如一些媒体报道中所说的那样，玩家在不经意间已经享受到世界上身价最高的“客服”的服务。

当创业者对未来进行规划时，需要对这个行业的市场容量、潜在的顾客群等相关现状，未来发展趋势做充分了解；而当创业者在日后面对客户时，也必须让对方意识到，自己对这个行业、这片市场进行过细致入微的调研，否则很难得到客户的信任。比如前期的市场调查，不少创业者没有认真地对将要投身的领域做详细调查，很多在他们看来是创新可行的点子，其实之前已经出现过或是早已被证明是行不通的，因为调研得不够深入，只看到了市场的表象，这给他们的创业之路增添了阻碍。

怎样准备才能使调研做到全面有效呢？

第一，要深入到一线市场上进行市场调查，切实了解这个行业的现状和趋势，面对自己未来的客户，了解他们的需求，“市场调查一定不能只停留在翻翻书本或是百度一下，只有得到最前沿的信息，才有可能为自己做一个实用有效的创业计划”。

第二，要去相关的企业实践学习。很多企业深知创业者创业的艰难，也欣赏他们创业的冲劲，对于需要帮助的创业者可能会尽量提供一些指导。先就业、再创业，对于缺乏社会经验的创业者来说是个比较好的选择。“如果想创业还要多参与身边举办的一些企业家论坛、创业社团，在交流中互相学习，互相勉励。”

一份好的计划书是比较容易做出来的，但实际上能够坚持创业的创业者却是非常少。前期调研准备需要做足，但“更重要的是创业者在创业过程中的调整与反思”。

通过观察发现，创业者在市场调研时往往浅尝辄止，只能看到表象，那些隐性的、只可意会不可言传的知识比较难以得到，因此他们所做的市场调研很可能与真实的市场信息不一致，而市场调研本身就是一个去粗取精、去伪存真的过程。“比如问卷调查式的调研，不同的问法受众对问题处理方式都不一样，回收信息时，信息会存在失真的情况，因此，初期所做的市场调研有时候只能做参考，不能完全信赖。”

创业前期还要调查本企业经营战略决策的执行情况，比如产品的价格、销售渠道、广告及推销方面情况、产品的商标及外包装情况、存在的问题及改进情况。另外，还要调查相关领域的政策法规情况，比如税收政策、银行贷款情况、行业限制等。以下是几点启示：

**1. 没有调查就没有发言权**

在确定创业方向之前，如果做些市场调查，就能够大大减少失败的几率。有人说，我也进行过调查，发现市场上商品琳琅满目，要什么就有什么。我们想到的项目别人早就想到了，该搞的别人都搞起来了，没有我们的市场了。其实不然。只要是生活，人们就有生活需求，发现这种需要，关键是我们要细心、肯思考。

**2. 先评估行业**

“不是所有行业赚的钱是一样多的。”这句话它的意思就是——有些行业比较能赚钱。当我们选择一个行业时，一定要做相应的市场分析，比如，市场前景、利润空间、消费群体、投资额度等。

**3. 掌握趋势比掌握资讯更重要**

比尔·盖茨常说：新世纪掌握资讯并不是最重要的，掌握未来的市场趋势才是最重要的。很多人都在掌握信息，但最会赚钱的人他们都是在掌握趋势，而且是在掌握全市场上最大的趋势。

**4. 做未来成长空间大的行业**

就是我们不只要做竞争对手少的行业，还要找现在顾客不太多的行业来做。创业除了找热门行业，也可以找些冷门行业，往往在冷门行业里也蕴藏着商机。比如另类宠物行业，这是个新兴行业。越来越多的人开始痴迷于另类宠物，在未来另类宠物还会有更大的需求量。随着外来文化进入中国，已经有越来越多的人开始关注这些另类时尚。而且这个项目，打破了传统宠物在中国的统治地位，在很多城市的另类宠物市场正待兴起。再比如水培花卉（植物）项目，由于具有极高的观赏价值和经济价值，市场“钱”景也很广阔。随着水培花卉（植物）市场销售的升温，目前正是投资这个行业的绝佳机会。

**5. 抓住“吃穿住用行”**

没有专业知识，我们干脆从人们的衣食住行开始做起。许多人尤其是老一代经商的人都知道，吃是永恒的需要，这就是永恒的市场，当然就有永恒的生意。人要吃的东西很多，光是这“吃”字就可以做出很多文章来。不光是吃，在人们的其他基本生活需要方面，我们也同样可以做出很多文章来。

### 6. 充分发挥专业优势

许多工人下岗失业，并不是因为自己没有技术或技术不佳，而是由于非主观的种种原因，无法在市场经济中发挥作用。只要我们自己主动到市场中去，将自己的专业优势或技术优势与人们的需要结合起来，必定能大有作为。例如，南京某机械厂幼儿园教师因为厂里不景气，不到 40 岁被“内退”了。她是幼儿老师，自然关注幼儿问题。她发现她家周围小区中，5 岁以下的小孩就有 80 名。她以专业眼光发现了这个市场，决定利用自己原来的专业优势办个幼儿园。她把家里仅有的 1000 多元存款拿了出来，添置了些小家具、玩具和一部脚踏风琴，贴出招生广告：白天托送，包中午饭，每人每月收费 80 元。第二天就有 15 位家长送小孩来报名，幼儿园就这样办起来了。

## 创业心得

几乎 90%以上的创业梦想最后会落空，新项目获得成功的概率大约不到 1%。因此，创业之前一定要对市场做充分的调查。史玉柱的成功就是因为他了解中国的消费者。有位长期追踪史玉柱的专家说：“如果把中国所有做网络游戏的企业老总集合起来，史玉柱肯定还是头儿，因为他最了解市场，最了解消费者，他的模式最有效。”史玉柱在卖脑白金时，亲自和老太太聊天，调查市场需求，寻找市场的切入点。由于他对消费者有着深刻的理解，他设计生产的产品一般适合普通大众消费者，并且能够直面消费者。

营销就是要满足消费者的需求，创业者连消费者的需求都不了解，消费者怎么可能会购买该企业的产品呢？因此，作为创业者不能闭门造车，要舍得在市场调研上多花精力，学习史玉柱的精神，吃透消费者，这样销售的产品才能有的放矢。没有认真地调查市场、分析行业特点、熟悉产品性能，也没有找到适合的营销策略，就盲目地踏上了创业路，这样的创业，失败是必然的。

# 创业不能太功利，过于谋求丰厚利润

创业赚钱与否，不能光看这个产品的利润率高不高。一个赚钱的生意，首先应该看能不能产生现金流，只有可以将现金流动运转起来的生意才是一个好的生意。

史玉柱认为，对于创业初期的人来讲，如果在创业一开始就用行业的最高利润标准来定位自己，会使自己的产品价格虚高，从而导致其脱离市场，有价无市，同时还无法根据市场变化灵活调整产品价格。这种一味谋求丰厚利润的做法，只能为日后的发展留下严重的后遗症和障碍。

作为创业者，在创业的初期，如何给自己和员工树立信心才是最关键的。因此，第一桶金对老板自己来说或对员工来说都是至关重要的。毕竟好的开始是成功的一半。建议创业者们不要只看到眼前的利润，形象、品牌、市场份额似乎更为重要。因为各行业发展成熟时，都会有一个平均利润。在此之前，每个行业都有自己的利润点，如房地产可达15%~40%，零售业可达到10%~25%，因此不应以其他行业的利润率作为确定本企业目标利润率的依据。市场会惩罚那些不尊重市场价格规律的企业。其实，在市场中没有卖不出去的产品，只有卖不出去的价格。而竞争会使企业的价格趋向一个更能为广大消费者接受的额度，因此，产品价格不符合市场规律的生产企业，只有死路一条。

史玉柱说，许多大学生创业者在选择产品或项目时，往往先关注利润率高不高。其实，这是一种明显的创业误区。比方说，一个产品成本5元，市场卖价可以达到50元；另一个产品成本5元，但市场卖价只有7元，那一般来说初次创业的朋友可能就会选择前者。这就是一种有问题的判断！充满了功利性，而缺乏长远眼光。

出现这种判断的原因是多样的。与媒体的误导有关，与现在社会的人心浮躁有关。我们经常会在媒体上看到所谓的“暴利行业”、“目前仅有的暴利产品”之类的报道。其实，那只是炒作的噱头而已，但很多人还是毫不犹豫地信以为真了。但进入之后才知道，原来有那么多的暴利行业：眼镜店是一个暴利行业，殡葬业是一个暴利行业，房地产和化妆品当然更是，而婚纱摄影、网络游戏等，也都在这个大名单当中。但孰不知这些创业者们是否想过究竟什么才是暴利？应该如何计算利润率呢？如果一个行业长期处于暴利状态，那么必然会引来资本的大量加入，随之竞争加剧，利润率降低，直到降至平均资本回报率，或者平均利润水平。暂且不谈某些有政府垄断背景的行业，如电信和殡葬业等，就一般资本可以自由进入的行业来讲，似乎暴利是不可能长期存在的。一个赚钱的生意，首先应该看它未来是否有大的发展空间；其次，还要看它能否产生一个很好的长期资产收益率。

## 创业心得

史玉柱告诉创业者，巨大的利益是一种诱惑，而创业者创业还要考虑自身的因素，不要因为利润高，而盲目地进行投资，这样不仅不会带来利益，还有可能将创业者推进万丈深渊。所以，创业者创业时一定不要追名逐利。

# 谨慎投资，克制住投资冲动

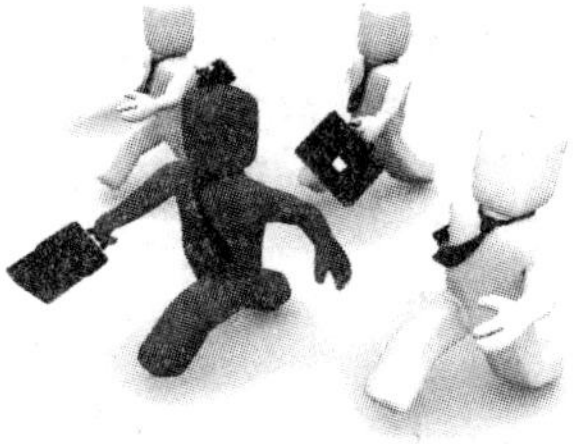

投资首先是要看退出机制是否通畅，其次才是看收益高不高。

经过失败洗礼之后的史玉柱，现在变得越来越“胆小”，不再轻易做无谓的冒险。他说:“那一跤（珠海巨人集团倒掉）摔得太狠，太刻骨铭心了，后来我就有了一个信条：宁可错过100个机会，不可投错一个项目。”

他东山再起之后，近10年间，除了保健品业务，史玉柱只投资过三个项目：华夏银行、民生银行的股权和巨人网络。而在保健品当中，几年时间只做脑白金一个产品。出于谨慎的考虑，很早就研制出的黄金搭档，直到 2002 年才被推出。如今，史玉柱手里仍有十几个新产品，但他一直不肯推出去，因为没有必胜的把握。可见，要让史玉柱下定决心投资一个项目并不是很容易的事情，他说："在投资方面我是很胆小的。"

这跟他过去的思路是完全不一样的，过去的史玉柱是绝不放过任何一个机会。现在史玉柱的投资原则是：投资的项目越少越好。"少做动作便会少犯错。"史玉柱如是解释说。一些规模跟巨人网络规模差不多的企业，最短是两三个月投一个项目，"我是 3 年投一个。我 3 年就认一个事儿，当然少犯错。"史玉柱说，"正是这种谨慎原则促成了投资的成功。"

史玉柱说他的投资原则不是谨慎，而是相当谨慎。为了保证自己不至于因为一时的头脑发热而酿成大祸，史玉柱在公司内部建立了一个项目决策委员会，投票决定投资项目。

作为投资界的一个经典案例，史玉柱个人投资的华夏银行和民生银行股权目前市值数十亿元，其投资成本早在将华夏银行的一部分股权转让给德意志银行时收回。虽然在银行股上大赚，但是史玉柱也并不是没有失去过更好的机会。例如，在前面我们提到的史玉柱在吴征决定退出新浪时，没有接手新浪，就是因为这个项目没有在决策委员会上通过，而事实证明他错失了一次大好的赚钱机会。但是在史玉柱看来，只有这样的谨慎保守才不会翻船。

"少听些投资信息，少跑到投资第一线，听到的诱惑自然就少。我又不用手机，干扰就更少了。"史玉柱表示，只有克制住自己的投资冲动，谨慎投资，个人和公司所做的投资项目成功的可能性才会更高。

然而，在看准的项目上史玉柱又是相当大胆，敢于投入。史玉柱说：“在互联网项目上面很多人找我们（投资）。如果有好的我愿意投资，哪怕原来只是几十万的我愿意去花几亿买他的项目，买了之后也不是风险投资评估。我们不怕花钱多，但要控制项目的风险。”

珠海巨人倒闭后，史玉柱凭借对脑白金的成功运作，不仅还清了自己欠下的2.5亿元债务，而且脑白金带来的丰厚利润使他手上的现金越来越多。对此，史玉柱准备投资国债。投资国债比较安全，有利息，还可以立即变现，但投资的回报率不高。很快，史玉柱便捕捉到了投资银行的机会。

2001年1月，华夏银行的发起人之一——北京华资银团公司持有的发行人股份中，有200万股被重庆市渝中区人民法院冻结。2002年10月31日，重庆渝中区人民法院对这200万股股票进行拍卖，上海健特竞拍成功。在此之前，2002年4月22日和7月31日，上海健特先后与华夏银行发起人北京华资银团公司及首钢总公司签订了《关于华夏银行股份有限公司股份转让协议书》，累计受让1.38亿股为一般法人股。这样上海健特就一共持有了华夏银行1.4亿股的股份，以持股5.6%成为华夏银行第六大股东。2004年，上海健特又增持了2800万股，进一步扩大其所占股份份额。

在成功入股华夏银行后，史玉柱又瞄准了民生银行。根《商界》杂志的屈腾龙记录说，2003年，冯仑的万通实业要上市，冯仑急于清理地产业务以外的资产，可股市低迷，苦于无人有数亿的现金来接盘。

最后冯仑找到老朋友史玉柱，于是，上海健特受让北京万通实业股份有限公司1.43亿股民生银行股票。之后，史玉柱开始不停地吸收民生银行的股票，到2006年6月30日，上海健特持有的民生银行股票共计3.15亿股。

除了保健品、银行业之外，史玉柱没有忘记自己的老本行——IT行业。自2002年起，史玉柱打算用2亿美元进军网络游戏。2004年11月18日，上海巨人网络科技有限公司（原名为征途网络科技有限公司）正式成立，该公司的主要业务是开发运营网络游戏。《征途》就是其正式运营的一款网络游戏，并且这款游戏让史玉柱跻身于中国一流网络游戏开发运营商行列。

从史玉柱的投资轨迹我们不难看出，软件程序员出身的史玉柱，在经历了大失败后，以保健品行业为跳板，获得复出后的第一桶金，然后投资银行，为自己准备了充足的现金储备，最终又回到了IT行业。对再次回到IT行业，史玉柱说："我是做IT出身的，我最早是程序员。现在回到IT了，是回娘家了，这是求之不得的。此外，我本人特别爱玩游戏，我的工作主要是玩游戏，没有几个老板像我这样的。我会充分利用这一点。我终于找到自己的归宿了，感觉很好。将来退休了我也会继续玩游戏。"

史玉柱的这种投资模式既有点像李嘉诚，又有点像比尔·盖茨。李嘉诚的投资模式是看什么行业赚钱便做什么，涉及的行业有几十个。李嘉诚是一个投资型的商人，以投资家的身份，通过高明的投资手段、严密的项目论证，使其集团规模不断扩大。而比尔·盖茨的投资模式是认准一个产业，在一个产业做深做透，使股价迅速增值。比尔·盖茨是只专注一点，其他行业再怎么赚钱，看都不看。而这两个人都是史玉柱一直在研究的企业领袖人物，也是他一直在学习的对象。

史玉柱把自己的这种投资模式叫“李嘉诚＋比尔·盖茨”模式。他说：“我比较看好李嘉诚加比尔·盖茨的模式，我想在中国做公司，这条路是必须要走的。”

确切点说，史玉柱认为，他今后的发展将以比尔·盖茨模式做专业领域的纵，以李嘉诚模式做投资规模的横。史玉柱说：“任何一个行业今年赚钱明年未必能赚钱。回过头来看这10年来的洗衣机、电视机行业，当时是很赚钱的，但是目前来看，没有一个成为朝阳产业，最后搞得大家都不赚钱，所以一个企业不能在一棵树上吊死。但是搞多元化也不行，至少我认为自己不行。基于这种情况，我认为应该结合比尔·盖茨与李嘉诚的路子：集中几乎全部的人力投入到主营产业，集中一半的财力投入到主营产业，留一半的财力做其他方面的投资，（要求是）容易变现且不需要投入很多的精力。当主营业务出现危机时，可以通过这一块在现金流量方面给予支撑支持。”

## 创业心得

珠海巨人集团时代，史玉柱从不向银行贷款，他认为用自己的钱比较安心。等到珠海巨人集团资金链断裂，需要资金的时候，史玉柱发现民营企业从银行贷款有很大的难度。失败之后，史玉柱对自己以前的看法有了改变，他不仅向银行贷款，还干脆做了华夏、民生两家银行的股东（如何进入华夏、民生两家银行，请参阅本章“李嘉诚＋比尔·盖茨模式”，本节只讨论史玉柱为什么投资银行）。对于投资银行，媒体多揣测史玉柱意图染指金融业，但史玉柱本人则表示对银行的投资纯属财务投资性质，他说：“李嘉诚曾说过，投资首先是要看退出机制通畅不通畅，其次才是看收益高不高，我觉得很对，所以我想寻找的是风险不大、变现能力强的行业。基于这种认识，我投资了银行。”

### 1. 银行的盈利模式最清晰

在史玉柱看来，银行的盈利模式最清晰，就是贷款和存款的利息差。史玉柱说：“银行的商业模式很清晰，而且稳定。储户存钱，一年给2%的利息；要贷款，收6.5%的利息。只要资金量足够大，利润就很高。今天是这样，10年之后还会是这样。而且我还不操心，上个月（2006年7月）民生银行改组董事会我才参加，担任个董事，我以前董事会、股东会都不参加，你不用操心稳赚钱多好。”

### 2. 投资安全性高

史玉柱说：“在我们账上有5亿元现金的时候，我就考虑投资的事情。我想一定要投资到可靠的方向上。”可见复出后的史玉柱考虑得更多的是安全性。

之所以选择投资银行，就是因为安全性高。史玉柱说：“全国性银行不会破产，首先是管的人多，上市银行有证监会管它，银监会管它，股民也在管着它，相对来说它犯错误的概率要小一些。全国银行要真是出问题了，国家要管它，因为牵涉到稳定问题。所以考虑到这几个因素之后我们投资上市银行。”

### 3. 贷款容易

投资银行成为银行的股东还有一个好处——贷款将不再是一件难事。和国有企业相比，民营企业向银行贷款一向是个难题。这一点史玉柱深有体会。当年珠海巨人集团资金链断裂，徘徊在破产的边缘。只要珠海市前市长、市委书记梁广大推迟两周退休，珠海巨人集团就能向银行贷款起死回生。结果梁广大闪电退休，贷款成为泡影，珠海巨人没过多久就倒闭了。

为什么民营企业向银行贷款一向是个难题呢？西安海星集团董事长荣海讲述了其中的原因。他说:“每当宏观经济过热的时候，民营企业取得银行贷款就相对容易一些，这时最怕民营企业一时头脑过热，沉迷于产业整合、大幅扩张，虽然这看上去很风光，可一旦宏观调控来临，国家收紧信贷政策，便无法再取得‘短贷’资金，资金链就会立刻断裂。在目前情况下，民营企业融资渠道普遍不畅，全是用短期资金来做长期项目。而国有企业有银行支持，甚至可以拿到长达10年的贷款，是不会出现‘短贷长投’问题的。”

史玉柱令人称道的一点是，他成为银行的股东，在贷款问题上自然就很容易解决了。据华夏和民生两家银行的报表显示，参股华夏银行当年，上海健特在该银行的贷款余额为 8000 万元；而参股民生银行当年，上海健特在该银行的贷款余额为 9000 万元。

**4. 收益高**

史玉柱说："我的投资要求第一就是能迅速地变现，一个星期之内能变成现金；第二是回报要求比较高，一般一年要在 15%以上。目前我们定的是，只投资上市银行，所以范围比较窄，我对银行研究得比较透。我们投资上市或即将上市的银行，像华夏银行，我投的时候还没上市，民生银行倒是上市后投的。这两个银行我们累计投了 7 亿人民币，现在投资的资产市值应该是 24 亿至 25 亿，项目的账面赢利已经 15 亿了。"

史玉柱的投资获得了很好的回报，2004 年，在接受媒体采访时，史玉柱说："我花了 3 个亿，从首钢和四通手中买了华夏银行 1.4 亿股权，又从冯仑手中买了民生银行 1.98 亿股权。两个银行的回报不低于 15%，去年（2003 年）民生银行挣资产收益就有 15%，再加上去年一次债转股，每股净资产一下子提高 1 元多，（如果）今年（2004 年）9 月再到香港上市，又能提高每股净资产值。当初投资华夏银行时，每股净资产 1.1 元，上市后每股净资产一下子提高至 2.7 元。"

到了 2005 年，史玉柱称："我在银行业的投资 3 年翻了一番，（如果）有机会的话，我一定增持在华夏银行、中国民生银行的股份。"三年翻一番，意味着史玉柱在这两家银行的投资三年的收益率达到 100%，这是一个同当年史玉柱允诺的巨人大厦楼花收益率一模一样的数字。有人为此感叹，史玉柱才是中国股市的“史上第一牛人”。

# 盈利固然重要，但也要担负起一定的社会责任

一定要遵纪守法，一定要规范，在法律许可的范围内做大家认可的东西。

很多企业家认为，企业第一责任是把企业做好，只有在这个基础上，才可以涉足其他项目，企业真正发展是做好了自己的全球竞争以后，再谈更多的对多元化目标的社会责任。假如企业自身没有做好的话，先谈社会责任实际上对企业、社会都不利。在现在的大众媒体上，关于企业家的首要责任是什么，一个企业家该如何处理企业的利润与社会责任之间的关系，一直是人们最为关注的焦点。

一方面，在一个健全的市场制度下，企业追求利润、为客户创造价值以及承担社会责任之间，不仅不矛盾而且是一致的。利润，是社会

考核企业，或者说考核企业家是否真正尽到责任的最重要指标。没有这个指标，我们没有办法判断企业行为是损害还是帮助了社会。

另一方面，在一个制度缺陷比较严重的社会中，利润可能不是考核企业行为的最佳指标。这时候我们应该想办法，使这个制度变得更好，使利润能够真正反映出企业和企业家对社会的贡献，而不是抛开对社会制度的变革，用说教的方式解决这个矛盾。

当然，史玉柱也逃离不了这个问题。很多人指责史玉柱只是一个赚钱的机器，是一个地地道道的商人形象。不可否认的是，史玉柱在十几年的经商生涯中确实赚取了惊人的巨额财富，但从内心来讲，史玉柱更想让自己成为一个对社会有贡献的企业家。在经营理念当中，史玉柱一直坚持不损害国家利益的经营原则，他说："我们的税收连续3年都超过了两亿。我的基本态度是这样的：能争取国家的优惠政策尽一切可能去争取。但在这个基础上，我给财务的规定是不准偷漏一分钱的税款。这样至少会保证公司不出现大的问题。"

但是在世人眼里，史玉柱并没有按照他说的原则去经商，在金钱与道德面前，史玉柱更喜欢金钱。当然这种观点对史玉柱来说是一种压力。祸端来自于史玉柱"收礼只收脑白金"的广告词，这似乎触痛了中国人的神经。加之多年以来，人们对游戏沉迷深恶痛绝，一听说史玉柱这个曾经的失败者开始做网游了，人们的愤怒好像找到了宣泄口。对于外界针对史玉柱道德底线的怀疑，史玉柱表示："商业和道德能放在一起吗，商业是什么？商业的本质就是在法律法规许可的范围内获取最大利益，我是一个商人，做的事情就是在不危害社会的前提下为企业赚取更多利润。”

2005 年月 23 日，新闻出版总署正式发布“保护未成年人健康、创建绿色网游环境”的倡议。2005 年 10 月 1 日起在盛大、网易、第九城市、光通、金山、新浪和搜狐 7 家网络游戏公司内部测试，之后被推广到《奇迹》、《传奇》、《大话西游》和《魔兽世界》等市场主流游戏上。防沉迷系统目的是在解决未成年人沉迷网游的现状，设有该系统的游戏服务器，未成年玩家如果玩游戏的时间超过 3 个小时的健康时间，游戏将会提出警示并通过经验值减半、收益减半等方式促使玩家下线休息。2007 年 4 月 9 日，国家新闻出版总署、教育部、公安部、信息产业部和团中央等 8 部委共同宣布，网游防沉迷系统将于 2007 年 7 月 16 日对所有在线运营网游强制实施。网游实名制及网络游戏防沉迷系统将对中国网游产业带来怎样的影响？另外史玉柱在监管情况下将如何应对？对此，史玉柱的回答是：“它对行业的冲击是免不了的，尤其是对传统、靠时间收费的游戏，它限制 3 个小时，在收入上是免不了有冲击的。对免时间点游戏的冲击会小一些。对《征途》有没有影响呢？对《征途》没有丝毫的影响，原因是《征途》就是成年人游戏，未成年人根本就进不到《征途》里面来。所以防沉迷对我们的游戏几乎没有影响，所以我们的《征途》不受任何限制。”

## 创业心得

企业的目标是赢利。当年巨人集团垮掉的时候，是社会、员工，乃至投资者共同在承担企业失败的恶果。所以，史玉柱反思自己今后运营企业，一定要遵纪守法，一定要规范，在法律许可的范围内做大家认可的东西。

对于游戏精神和道德之间的关系，史玉柱有自己的一套看法："在合乎法律法规的管理之下，让玩家充分娱乐就是游戏精神。企业对社会的最大贡献就是创造利润，而道德呢，我觉得是一个企业必须重视的。我们必须重视网络道德，但不能混淆现实与网络。网游是娱乐产业，有些是负面的，如沉迷问题。但对成年人没有影响。我们是唯一一个必须是持有成年人身份证才能登录的游戏；在各种关口都需要身份证，如找回账号等；另外我们在网游中还会巡查，因为未成年人的言行举止与成年人相差甚远，如果发现，我们会劝其离开或将其踢出游戏。"

对于网游的暴力问题，史玉柱表示，大型角色扮演类游戏的主线就是PK，这种类型的游戏很难完全规避对未成年人的负面影响。同时考虑到未成年人自制力差，容易沉迷于网游，游戏厂商应该担负起相应的社会责任。史玉柱指出，目前《征途》在游戏登录界面明确标示了"本游戏针对18岁以上成人设计"的提示，希望能阻止未成年人登录。

在看重企业盈利的同时，史玉柱并没有像人们想象得那样完全丢弃社会责任与道德而不顾。其实史玉柱对自己要求非常严格，因为他明白自己曾经是一个失败者，所以社会对自己的要求比别人要高，这是他必须面对的法则。

# 股权分配要合理，企业才能健康发展

企业小的时候，就是一个人决策。企业中等规模的时候，它就要靠一个小的集体来决策。

对于股权问题，史玉柱有着自己非常鲜明的观点就是不搞股份制。还要从史玉柱第一次创业的一件事情说起，那是一次发生在巨人内部的“内耗风波”。

1989 年 8 月底 9 月初，经朋友介绍史玉柱招聘了 3 名新员工，再加上史玉柱一起，这个创业团队一共 4 个人。到了 1989 年 10 月，账上已经有 100 万元，其中一名员工说：“我们每个人都应该有股份，大家应该将赚到的钱分掉。”那时候，市场经济刚刚开始，大家对真正的股份制也不是特别清楚，光知道股份有用，好像在这儿干大家就应该都有股份。史玉柱不同意主张继续打广告。史玉柱对员工说："股份的事情可以商量，但每人25%不可能。"因为产品完全是史玉柱自己开发的，启动资金也是个人出的，至少应该控股，然后再看怎么分。史玉柱提出的是他们一起可以占10%~15%。但是这个方案提出来，两个男员工都觉得占得少而不同意。剩下的一个女孩不想参与，她又是管财务的，所以这两个人也拿不到钱。结果当时就闹得很僵，史玉柱也很生气，当场就把一台IBM的286电脑给摔了！怎么办呢？这两个人后来看到公司有几台电脑和打印机，当时的价格差不多也要几万元钱，就抱着走掉了，后来再也找不到这两个人了。

"我从此再不搞股份制了。"经历了这一次风波之后，史玉柱把这一原则贯彻到底，无论以后是在巨人还是在征途。"中国人合作精神本来就很差，一旦有了股份，就有了和你斗的资本，这个结构就是不稳定的。"

内耗之后，这两个人的"撤离"对史玉柱的业务也没有产生直接的影响，因为技术全在史玉柱手里，而客户的名单、联系方式也在史玉柱手里。不过，那个女孩却一直留了下来，现在还是深圳公司的经理。

这次经历让史玉柱坚持认为，以后所有的母公司必须自己一人独资。对高管，他采用高薪加奖金的形式，从不许诺股权。史玉柱说："后来我就给我的高管高薪水和奖金，就是给比他应该得到的股份分红还要多的钱。我认为，这个模式是正确的，从此以后，我的公司就再没发生过内斗。"

2001年，史玉柱在央视《对话》节目中依然肯定着股权集中的重要性，他说：“民营企业，开创初期不能股权分散，凡股权分散的企业，最后只要这个公司稍微一有起色，赚了第一笔钱开始，马上就不稳定，就要开始闹分裂，很多企业倒闭，不是因为它长期不赚钱，是因为它刚一赚钱马上就垮掉了。”

万通董事长冯仑是史玉柱的好友，他们同是泰山产业院的会员，对此冯仑持有相同的态度：“企业第一阶段都是排座次问题，第二阶段是分管经营问题，第三阶段是论荣辱，所以我同意史总的意见。一开始产权相对集中，有利于企业组织的稳定。”

同时史玉柱也意识到股权过分集中，在企业稳定发展的阶段对企业发展也会有着不利的影响：“巨人没有及早进行股份化，直接的损失是导致最优秀的人才流失。更严重的后果是在决策时没人能制约我以致形成家长制的绝对权威，导致我的一系列重大决策失误。”

史玉柱认为，巨人的决策机制难以适应企业的发展。巨人集团也设立董事会，但那是空的。史玉柱个人的股份占90%以上，具体数字就连史玉柱自己也说不清，财务部门也算不清。其他几位老总都没有股份。因此在决策时，其他高管很少坚持自己的意见。由于他们没有股份，也无法干预史玉柱的决策。总裁办公会议虽然可以影响史玉柱的决策，但拍板的事基本由史玉柱来定。当时，制约史玉柱决策的机制是不存在的。这种高度集中的决策机制，在创业初期充分体现了决策的高效率，但当巨人规模越来越大，史玉柱个人的综合素质还不全面时，缺乏一种集体决策的机制，特别是干预史玉柱一个人的错误决策乏力，最后巨人果然步入了误区。

虽然史玉柱看到了股权集中的弊端，但他还是认为股权如果过分分散，对企业的发展会有一些害处。对于新浪分散股权的做法，他发表了自己的看法："太分散了对企业长期发展不好。我觉得它（新浪）现在需要一个大股东，就像张朝阳、丁磊那样，但它现在形成大股东难了。那些很有钱的，比如说基金，进来对它帮助并不大，我觉得它需要一个灵魂人物，这个灵魂人物是个大股东。它现在盘子太大了做不到。"

## 创业心得

史玉柱总结了股权在企业发展的各个阶段的作用。企业小的时候，就是一个人决策。企业中等规模的时候，它就要靠一个小的集体来决策。企业再大了，就按上市公司的规则来做。最终一个企业真要做大，它必须要把这个公司社会化，就是上市，让社会成千上万的人持有它的股份。在史玉柱涉足网络游戏行业后，他给旗下开发和运营网游的征途公司近 20 名核心员工股份，以保证这些员工不会流失。这也是史玉柱第一次采用股份制的方式和他们合作。但母公司巨人公司仍是他独资的。巨人网络在上市之后，才使股份制发挥了它最大的作用。

# 目标越大风险越大，制订目标要现实

目标就是把能够影响结果的每件事情做到最扎实、最透，把最下面的事情做到最好，公司不制定定量的指标，把工作做到最好就行了。

史玉柱的失败与目标确立的失误有很大的关系。史玉柱后来回忆巨人当初的失败教训时说:“巨人以前的企业文化非常不对，10年前总提很多口号，比如‘我要做中国第一大’等等，本来是想激励员工，事实上最后把自己也给骗了，自己都以为自己就是老大了。”

史玉柱当时的做法是给自己定一个目标，一个很宏伟的目标。史玉柱认为，企业有几种，一是安定的；二是追求眼前利润的；三是追求长期利润的；四是追求长期利润社会效益和规模效应。史玉柱心目中的巨人集团是第四种企业。为此，史玉柱制定了一个“百亿计划”：要求1996年产值达到50个亿，1997年完成100个亿，一年一大步，一年上一个新台阶。而此前史玉柱的目标是“2000年达到企业资产超过百亿”。为了配合“百亿计划”，1995年，史玉柱启动“三级火箭”计划，把12种保健品、10种药品、十几款软件一起推向市场，广告投入1个亿，提出要在一个很短的时间里把企业迅速做大，超过首钢和宝钢。

当时史玉柱的野心可谓是气吞寰宇。然而目标越大风险越大，如果不经过科学的分析论证，没有必要的组织保证，那么结果必然是损失惨重。史玉柱后来发现制定过高的目标是很可怕的，因为这必然会违背经济规律，让管理者心态浮躁，让企业步入发展的误区。我们回过头来看，珠海巨人时期的史玉柱的管理好像是一场疯狂的话剧，非常混乱。

失败后的史玉柱非常清醒地认识到了这一点，将企业的目标制定得非常现实，也不再提什么惊天动地的大口号了。他认为，目标就是把能够影响结果的每件事情做到最扎实、最透，把最下面的事情做到最好，公司不制定定量的指标，把工作做到最好就行了。

如今，史玉柱不把资产、销售额、利润这些作为他的目标，他说：“巨人现在不给自己定战略目标，我觉得制定目标对企业反而是件坏事。因为定了长远的目标就要不断分解到每年的任务上，如果定得不高无所谓，而太高则会打乱原先的计划，形成欲速则不达的局面。战略上不考虑，但在战术上每件事都要做好，比如投入产出比，我们追求的是最大化。企业发展能做多大就多大，听天由命不必强求。”

1997年对史玉柱而言是一个转折点。而成熟后的史玉柱不再像1997年以前那样动辄给自己定一个量化的目标，然后再分解成每月、每周、每天的小目标。史玉柱现在的原则是“定性而不定量”。将一个目标分解成很多的决定性因素，一件一件地去解决。他说:“把每件事做好。比如网游，影响网游这个项目能不能成功的因素，我分析了（有以下）十几个环节，从策划、研发、美术、运营、售后服务、分公司建设、管理、对外宣传，我的目标是把所有环节都做到极致。”

## 创业心得

史玉柱从自己的失败教训中总结到，管理者首先要搞清楚自己的商业目标是什么，企业经营的方向是什么。辛勤的努力和一颗壮志雄心尚不足以使一个企业获得成功，企业如果没有明确的目标，以及达成这项明确目标的具体计划，不管员工如何努力工作，企业都像是一艘失去方向的轮船。众所周知，当企业行走的方向背离目的地时，走得越快，离要到达的目的地就越远。企业要想持续发展，前提是方向必须正确。

# 失败在所难免，关键是吸取教训

成功能够使一个人头脑发昏，教训能够使一个人成熟，失败能够使一个人更有价值。

史玉柱说，我曾经是一个著名的失败者，我害怕失败，我经不住失败，所以只能把不失败的准备工作做好。

确实，失败的经历能给创业者更大的经验，这就要求创业者敢于直面失败，从而更好地创造未来。对于失败，史玉柱从来没有避讳。他说自己最爱看的一本书是《太平天国》，因为他想研究太平天国为何失败。

“死里逃生”的史玉柱开始变得“胆小”，他不再轻易地做无谓的冒险。有了一次失败经历，他的危机感更强了，不论企业发展形势有多好，他都会每天提醒自己也许明天就会破产。敏感的人们可能会发现，尽管他新进入的行业依然有风险，但激进的史玉柱已经变得更加成熟稳健。他由一名热血实业家转变成一名冷静的投资者。

近10年间，史玉柱只做了3件事：保健品、买入银行股票、做网络游戏。为了有效控制自己的投资欲望，史玉柱还在巨人内部建立了7人决策委员会，通过投票的方式来决定提名的项目。实际上，巨人2007年以来的收益都比较稳定，曾经有手机、汽车等投资机会诱惑着史玉柱，但他都因决策委员会的反对而克制住了。

史玉柱现在深深体会到，对中国的民营企业家而言，最重要的不是能否抓住机会，而是能否抵制诱惑。但这并不意味着史玉柱什么都不敢做了。他依然承认自己是“赌徒”。在他看来，无法预知结果，只能凭借自我感觉做的事情都属于赌博，所有的经营企业者都存在赌博的成分。2004年，他在上海成立了征途网络科技有限公司，把赌注下到了网络游戏上，这再次显示出他独到的商业眼光。

当时，盛大、网易等游戏厂商正如日中天，史玉柱选择这个时候进入，引来轩然大波。“太晚了！”很多人都不看好这个迟到者。而史玉柱却是有备而来。在进入网游领域之前，他不仅找过专家咨询，还专门拜访行业主管领导，深入交流的目的只有一个——了解网络游戏市场究竟会不会萎缩。结论是，至少在8年或者更长的时间里，网络游戏的增长速度会保持在30%以上。史玉柱分析，中国游戏玩家的比例依然比较低，因此仍然有着巨大的增长潜力，他断言：网络游戏依然是一个赚钱的产业。

尽管有此判断，谨慎的史玉柱投资网游依然是尝试性的，自称“投石问路、边做边看”的他，当时已经有了思路：只要资金充裕，方向把握好，网络游戏一定赚钱，而资金、产品、营销便是三个最关键的要素。初入网游世界的史玉柱，采取了“聚焦，聚焦，再聚焦”的策略。征途网络坚持只做一款产品，并要将其做到极致，史玉柱声称要做“2D游戏的关门之作”。他很快发现，自己进入了一个条条框框最多的行业，但他不想被束缚，他依旧像过去一样，最关心消费者也就是玩家的想法。

他的策略依然是直接与消费者沟通。他会化身为玩家，在共同游戏的过程中与别的玩家沟通，了解其喜好及原因。现在，他每天都会花大量时间与玩家沟通，并将了解到的信息转给制作团队，随时调整游戏。不仅如此，他还要求员工都要与玩家保持沟通，掌握最新市场信息。公司高管被要求走访二三线城市网吧，与玩家进行面对面的交流。

史玉柱说：“作为我们曾经失败过，至少有过失败经历的人，应该经常从里面学点东西。人在成功的时候是学不到东西的，人在顺境的时候、在成功的时候，沉不下心来，总结的东西自然是虚的东西。只有失败的时候，总结的教训才是深刻的，才是真的。”

对过去成功的经验再好好总结总结，尤其是对失败的教训，夜深人静的时候你仔细想一想。反正睡觉也想，想一想实际上对你会有很大的收获，或许比你看书更有用。段永基有句话说得特别好，他说成功经验的总结多是曲折的，失败教训的总结才是正确的。自我反省的过程是痛苦的，但对于你未来的事业是必要的，而且是充分必要的。

2001 年 2 月 24 日，史玉柱在“中国民营科技企业新世纪高峰论坛”上，称自己是“一个著名的失败者”，并剖析了巨人的四大内伤：

**1. 投资的失误**

一个企业最终走入困境很少是操作层面的原因，最大的失败或者说对企业损害最大的是它做了不该做的事。

做企业就要进行投资，这时，国外企业往往花总投资的百分之几进行可行性论证。但巨人集团过去的投资过于草率，做了大量自己不该做的事，形成了巨大的“窟窿”，最终导致巨人因资金周转不灵而陷入停滞状态。

因此，我们今后再进行投资时，就重点把握这样几个原则：

（1）投资领域是不是朝阳产业，不是不做；

（2）对投资行业熟不熟悉，不熟不做；

（3）在新项目中，自己干部队伍的特长能不能发挥出来，发挥不出来也不做；

（4）一旦发现投资失误的苗头，当机立断，损失再大也要砍掉。

所以到后来，当有人问史玉柱珠海的巨人大厦还盖不盖了时，史玉柱回答说：“我内心来讲很想盖，实际上我在几年前就有这个能力盖了。但我给自己定一个规定，不该自己做的事不做。现在我给自己定的方案：不做房地产，再赚钱也不做。”

**2. 资金结构的失误**

一方面是资金的流动性太差。过去巨人的资金要么是办公楼、巨人大厦，要么就是债权。这样，一旦出现问题，抗风险能力特别弱。这启示我们，除了主营业务之外，还持有一些债券、上市公司股权等，这样抗风险能力会强一些。

另一方面是应收款或者说债权过大。巨人没有停止时，这部分是资产，一旦出现意外，这部分就变成零了。

**3. 管理的失误**

我们突出的问题：一是责、权、利不配套。以前，我在大会、小会上也经常讲这个，但实际上并没有做到，最终还是停留在口号上。比如我们的分公司经理，开始权力很大；后来被缩得很小，要请客都得发个传真到总部批准，但同时责任却很大，要做市场，要完成多少销售额。责、权、利不协调，不配套，最终导致了管理失控。二是货款管理混乱。由于一些企业的信用不好和管理混乱，烂账率比较高。当巨人危机到来的时候，一度只差2000万元资金周转就能渡过一关，可当时未到的货款竟高达3亿元。三是抓管理面面俱到，没有重点。巨人过去的规章制度很全，从营销、策划、质量管理到统计报表怎么做，无一遗漏，加起来能有一尺厚。面面俱到的管理，理论上可以，实际上根本做不到，不过这一点我当时没有意识到，最终导致巨人的管理流于形式。

**4. 企业文化的失误**

企业文化应当是管理的组成部分，除了正常的制度管理，企业中存在的不良风气、氛围等等，要靠企业文化进行补充、约束和引导，以推动企业稳定、健康、持续发展。当时，虽然巨人提出了“要做东方巨人”的文化理念，但停留于空洞的口号，在具体做事的时候还是存在许多不好的“气氛”，暴露出许多问题。

巨人虽然曾经倒下了，然而巨人是倒而未死的巨人。史玉柱将早期的创业豪赌精神抛弃，最终转化为成熟的企业家心态。

巨人的永不服输，巨人的东山再起，史玉柱用自己在商海的沉浮生动地总结出这样一条商理——“不怕失败，只怕放弃”。

## 创业心得

史玉柱从当初的盲目扩张，到如今的《征途》游戏，这个过程的转变还是因为史玉柱在经历了失败之后变得相对稳健。当然，作为一个企业家，失败是在所难免的，不光在中国，就连美国硅谷同样如此。美国硅谷有着“创业大本营”的美誉。在那里，每年都有数以万计的企业倒下，同时也有成千上万的创业者一夜暴富。

美国知名创业教练约翰·奈斯汉说：“造就硅谷成功神话的秘密，就是失败。失败的结果或许令人难堪，但却是取之不尽的活教材，在失败过程中所累积的努力与经验，都是缔造下一次成功的宝贵基础。”成功需要经验积累，创业的过程就是在不断的失败中摸爬滚打。只有在失败中不断积累经验财富，不断前行，才有可能到达成功的彼岸。

对于失败，史玉柱经常反省，他说：“从失败中吸取教训，善待教训，无疑是成功创业者的选择。往大了说，社会发展和利益：学技术的进步，无不是创业者在经历过一次次失败与挫折之后吸取教训的结果；小而言之，对一个能够正确面对成败的创业者来说，教训一样可以催人奋进，激励自己去不断拼搏进取，使事业愈发有成。相反，不会从失败中吸取教训的创业者，迎接他的将是再一次的失败。如果你想有所成就，创业者就必须学会从失败中吸取教训。”

# 居安思危，才能防患于未然

千里之堤，溃于蚁穴，看似强大的东西，其实往往不堪一击。

当动物学家莱克斯在西伯利亚亲眼看见一头巨大的长颈鹿倒下时，不但他为长颈鹿扼腕叹息了好长时间，作为电视观众，也为那个悲壮的场面感叹了好久。那时，长颈鹿因为口渴得厉害，便去一条小溪边喝水。莱克斯发现小溪里的水很浅，还不到长颈鹿的脚踝，他正站在一旁，架好了摄像机准备录下长颈鹿喝水的镜头。

可就在长颈鹿刚刚走下小溪准备伸长脖子饮水时，突然脚下一滑，它那庞大的躯体轰然摔倒在了小溪里。原来它的前脚不小心踩到了一颗鹅卵石，鹅卵石因为长期泡在水里，石头表面长了一层青苔，就是那颗长有青苔的鹅卵石将这只庞然大物给绊倒了。

躺倒在小溪里的长颈鹿怎么挣扎也爬不起来，因为它的腿太长，身体太重，外加一条长长的颈，一旦躺倒在地就很难再站起来。

尽管莱克斯也很为它着急，但凭他一个人的力量也是毫无办法的。而在那茫茫的西伯利亚大草原上，除了他这个动物学家从外再也找不到任何人。长颈鹿将最后一点力气挣扎完后，终于淹死在了浅浅的溪水中。

一个看似庞大鲜活的生命，却丧生于一颗小小的鹅卵石。我们的人生中，这样的例子其实是很多的。据报载，20 年前的世界 500 强企业，现在剩下的没几家了。其主要的失败原因就是高层的决策失误而导致企业破产。

而那些决策者，往往也是因为有着像长颈鹿一样的骄傲心态，自以为很强大，而忽视了脚下那长了青苔的鹅卵石。要知道，千里之堤，溃于蚁穴，看似强大的东西，其实往往不堪一击！史玉柱说过这样一句话:“我离破产永远只有 12 个月。”这是一种居安思危的精神！企业的决策者们如果都具备了史玉柱居安思危的精神，又有哪一家企业会轻易破产？

在我们的生活中，像这样的鹅卵石还有很多，比如骄傲自满、刚愎自用、利欲熏心、贪赃枉法，甚至一个不卫生的习惯等等，这些都是侵害我们生命和事业的“鹅卵石”。

1989 年，史玉柱研究生毕业后“下海”，在深圳研究开发 M-6401 桌面中文电脑软件，获得成功。史玉柱将他的软件拿去压缩成一种卡，可以装进电脑主机里。“汉卡”这个名字由此而来。

1991 年，史玉柱通过其天才般的营销能力，使 M-6401 的升级版 M-6403 汉卡的销售量一跃成为全国同类产品之首，获纯利 1000 多万元。随后，巨人公司又开发出中文手写电脑、巨人传真卡、中文笔记本电脑、巨人财务软件、巨人防病毒软件、巨人中文电子收款机等产品。

1992 年，巨人集团的 M-6403 汉卡卖出了 2.8 万套，实现利润 3500 万元，并成为一家资本超过 1 亿元、下设 8 个分公司的引人瞩目的高科技集团公司。

也就在这一年，巨人集团成为了中国电脑行业的领头羊，史玉柱也成为了中国新一轮改革开放的典范人物和现代商界最有前途的知识分子代表。史玉柱先后被评为“中国十大改革风云人物”、“广东省十大优秀科技企业家”，并获得了珠海市第二届科技进步特殊贡献奖。史玉柱的事业至此达到了巅峰，此时他刚刚 30 岁。这时的史玉柱自信心开始迅速膨胀，他开始认为自己没有做不成的事情。这一年，在事业之巅傲然临风的史玉柱决定建造巨人大厦。

这也是那个时候典型的社会心理。那时，改革开放让人们压抑了多年的潜力和激情得以挥发，让中国的企业以超常规的速度发展。这更容易让企业家们在所谓的潜力与激情面前迷失自己。事实上，在 1993 年，巨人集团虽然已经成为国内仅次于四通集团的第二个高科技企业，但是，这一年也是中国电脑行业开始遭受“外敌入侵”而重创的一年。这一年，伴随着西方 10 国组成的巴黎统筹委员会的解散，西方国家向中国出口计算机的禁令也随之失效。

康柏、惠普、IBM 等全球知名电脑公司开始进入中国市场，国内电脑业因此步入低谷，这使得史玉柱赖以发家的巨人汉卡也受到重创。原巨人集团副总裁王建在《谁为晚餐买单》一书中写道："几乎是半年时间，中国人桌面上的排版文件，巨人汉卡和 WPS 等产品的领地，不可思议地成为微软 Windows 垄断式的市场份额。"对史玉柱而言，要想让巨人集团继续生存下去，唯有转型才有出路。跌倒过一次之后的史玉柱，在第二次成功之后，一直没有特别的喜悦。他说道："我相信福祸相依的老话。不过从前还是太顺，我很感激这一跤。上次我和刘永行（东方希望集团董事长）谈，他实际上也在不断地摔跤。不过他属于感冒，一个一个（的）'感冒'让他免疫力增强，身体强壮了。虽然增长不是很快，但是时间一长总量就很大了。我是从创业那天到我摔跤那天中间就没感冒过，结果一摔跤就（是）很大一跤。不过摔跤这一课是肯定要补的，否则还是不能长大。不管政治、军事还是经济，一帆风顺是不可能的，李嘉诚创业时还有几次想要跳楼呢。"

此后很长时间，史玉柱都在思考这次创业失败的前前后后。史玉柱坦言，作为初次创业者，他们对于创业风险明显缺乏相对准确的估计。如果早预料到后期的技术研发需要的时间和成本，也许他就会把销售队伍的发展再放慢一些，初期可以去租一个便宜点的地方；在产品开发方面，会更有系统性，比如说采用现在比较成熟的项目经理制；甚至在合伙人的选择上也可以考虑得更成熟一些。

对于创业者来说，居安思危就显得非常重要。应当说，大起大落是可以避免的，而大多数情况都是可以预见和控制的。一般说来，在市场状况良好或者高速成长时，行业竞争还不太激烈，因此在这样一个相对“宽松”的环境中，初创企业的很多问题会被掩盖，如成本过高、浪费严重、效率低下、管理混乱等。由于市场需求旺盛，甚至供不应求，所以利润空间很大，什么样的公司都可以生存，差别只是赚多赚少而已。对于那些自然垄断的行业和企业，问题就更为突出，随着全球经济一体化的加剧，垄断行业的解体成为必然，而一旦开放市场，这些企业就无法应对，企业的生存受到严重威胁。所以说艰苦中“方显英雄本色”，在激烈的竞争环境中，容不得半点马虎和失误，资源的运用必须达到最佳化，同时由于跨国公司大举进入中国市场，在这样一个“正常”的竞争环境中能生存与发展的企业才是真正的英雄。不具备这种素质的企业迟早会被淘汰出局。这就要求创业者在经营状况良好的时候，居安思危，能清醒地意识到企业面临的机会与挑战，并及早动手“防患于未然”，而不是把命运寄托在优惠政策、人际关系、地方保护等方面，从而掌握竞争的主动权。但是更多的人尽管有危机感，却说不出“危在何处”“干着急，没办法”，自然也就无从下手，不知道如何“化危为机”。通常，危机来自三个方面：一是行业的竞争压力模型变化；二是竞争对手的策略变化；三是企业自身发展过程中的问题。

居安思危更能让创业者明白，初创企业尽管发展迅猛，但是面对更多的机会诱惑时，必须做出慎重的决策，因为行业不同，赢利能力也就不同。一个进入低壁垒的行业尽管容易起步，即所谓的“投资少，见效快”的项目，但也预示着潜在的激烈竞争，如果企业不具备综合的绝对成本优势，或产品差异性，就很容易被市场拖着走，最后败下阵来。另一方面，市场规模过大或过小，与本企业的实力不匹配，也会带来麻烦，因为市场定位决定了与谁竞争，而国内外竞争对手的参与会直接影响企业的生存能力。所以应当根据企业的自身状况来选择市场，制定战略。所以，既要有居安思危的意识，又要有相应的“预警”系统和应变措施，才能实现企业的可持续发展。居安思危，实际上指的就是危机意识，在发展的同时，要不断地强化危机意识，才能防范于未然。

## 创业心得

成功的企业之所以能够不断地走向成功，是因为他们总是怀有一种居安思危意识，面对危机四伏的市场环境，他们始终保持着清醒的头脑和理智的行为，并积极去构筑自己的防范壁垒。张瑞敏曾这样形容自己：如临深渊，如履薄冰。比尔·盖茨也经常告诫自己的员工：“微软距离破产永远只有18个月。”所以，企业经营者要有居安思危的战略目光。

据介绍，在美国每年新创立的四五十万家企业中，能够在5年之后继续生存下来的还不到一半。这些危机所带给企业的思考，在一定意义上要比危机本身的影响力还大，不但让企业经营者感受到世界快速发展变化的一面，也让企业从中领略到市场竞争环境的残酷性。所以，对危机的市场环境，保持一种理性的思维是非常重要的，这有助于经营者将这些危机所带来的压力转化为一种动力，从而焕发出企业的斗志，激活企业的能量。

表面上，经营企业时所遇到的一些危机可能是来自于企业外部环境的不确定因素影响，实际上必然有企业内在的根本原因。外因是变化的条件，内因是变化的根据，外因是通过内因而起作用。为什么面临同样的危机环境，一些企业能够从容面对，而一些企业却不堪一击。另外，任何危机都不是一朝一夕所形成的，俗话说："冰冻三尺，非一日之寒。"

造成企业危机的主要原因通常是由于企业经营者平时对危机重视不够，防范措施不力，所以当市场风险突然降临时，因缺乏应对能力而使企业陷入困境之中；或由于企业在经营决策上的重大失误，而导致一招不慎、满盘皆输。特别是在企业处于市场繁荣期和辉煌之际，更容易发生这种大意失荆州的现象。因为，越是繁荣的时候，往往越是风云变幻莫测的时候，稍有疏忽就可能陷入困境之中。另外，在企业取得成功的时候，往往会由于产生骄傲的情绪而不思进取；或被暂时的成功蒙蔽了双眼。只见利，不见害，而常做出一些失去理性的重大决策导致失误；或因思想麻痹大意而疏于防范，让竞争对手有机可乘，取而代之。

危机感来自于不断的进取精神和超前意识。没有长盛不衰的产品，也没有一劳永逸的成功模式，任何优势都是相对的、暂时的。企业经营者要居安思危，只有适应市场的发展，企业才能够长期生存下去。

# 没有落实执行，再好的决策规划都没用

执行是把决策、政策、计划、命令、意图等所规定的事项落实在行动上并变成客观事实，要实现最终目标离不开执行。

执行力，通常是指企业内部员工贯彻经营者战略思路、方针政策和方案计划的操作能力和实践能力。通俗地说，执行力就是一种将想法变成行动，将行动变成结果，从而保质保量完成任务的能力。

“再周密的战略，如果没有出色的执行，也是一文不值。”这是在上海国际会议中心“杰克·韦尔奇与中国企业领袖高峰论坛”上，杰克·韦尔奇所说的话。

在史玉柱看来，一个企业的发展最重要的因素在于有没有执行力。

如果没有这个因素的存在，即便再伟大的规划都将为零。史玉柱正是在这种理念下带领他的团队走上创业之路的。因为他知道要提高企业的执行力，不仅要提高企业从上到下每一个人的执行力，还要提高每一个单位、每一个部门的整体执行力。

而那些执行力差的企业通常都有企业内部的损耗，这不仅会消耗企业的大量人才、钱财，还会错过一些很好的发展机会，影响企业的战略规划和长远发展。如果要提高企业的执行力，首先就要从管理入手。也就是说，用管理的方法形成企业的整体风格和氛围，最后再使整个企业和人员都具备这种能力。

管理的目的就是依靠制度形成一张网，一个行为规范有其自身标准的网，毕竟仅凭制度是创造不出效益的，而一个不能升华制度文化的制度也是不可能衍生出职工的尽责意识的。如何将强制性的制度升华到文化层面，使员工普遍认知、认可并接受，最终达到自觉、自发、自动地按照制度要求规范自身行为，完成从他律到自律的转化，是构建制度文化的真正内涵。

这种文化构建的最终目的就是要达到“知行合一”，这才是执行力最后的归属。“知”乃“行”的前提，是以利益为导向激发员工的自律意识，提高企业的效益。当今这个发展迅猛的知识经济时代使得员工素质日益提高，自我实现意识也日趋成熟，员工们所关注的不仅是埋头苦“干”，更为关注的是“干”的目的、利益。有所求才是有所为的真正动力。因为员工个体利益与企业整体利益不尽相同，所以企业不能只靠整体利益来激励员工，诸如“企业利润翻几番”，而应更多地注重对员工个体受益的具体承诺。

“强制性”是制度本身属性所决定的，同时也表明了企业自身的价值取向，其本身就蕴含有丰富的教育意义。个业应该通过对员工权利意识、自主意识的教育和引导，通过架构尊重人、关心人、相信人的人文环境来提高广大员工的尽责意识，以强化执行的速度与力度。

史玉柱作为创业者，在实现自身职业能力发展的同时，更注重员工在职场打拼的核心竞争力。毕竟谁都不想在一个碌碌无为的公司工作，因为谁也不愿自己一生碌碌无为。既然这样，那么实现企业的执行力，其实就是在实现和打造员工的职业能力，增强员工的职场核心竞争力，企业又有什么理由不去做呢?

在史玉柱眼中，企业执行力的实现还被许多条件、流程、步骤限制着。但只要企业人员在思想上统一，相互认同，企业就能真正走出执行力实现的瓶颈，走出一种全新的企业文化，企业和员工才能共筑事业平台，进而达到共赢的目的。

面对新的机会与挑战，史玉柱倍加珍惜。在新的创业团队中，战略、人员与运营流程三个核心要素成了决定企业执行力的重要因素。这也就是说，只有将战略、人员与运营进行有效的结合，才能决定企业最终的成功，而这个结合的关键就在于团队的执行力。

史玉柱深知，培养员工的高效执行力是需要领导者亲力亲为的系统工程，只有在领导者的大力倡导下，执行文化才能够成为企业的主要基因，并始终贯穿于企业发展的方方面面。因为作为企业运行最为关键的三个要素——战略、人员与运营的每一个环节都需要以高度的“执行”精神进行指导落实。

史玉柱把企业比喻成一只木桶，而这只木桶是由各个业务板块构成的，所以决定这个木桶盛水量多少的是最短的那块木板。如果企业想从平凡走向成功，领导者就必须及时发现并补齐使企业“漏水”的那块短板。在这个基础上，企业决策者还要充分发挥自己所有业务资源中优势最大的那一项，来打造自己企业的核心竞争力。

而对于人员的使用问题，领导者除了要以是否具备执行能力为标准，积极选拔合适的人员到恰当的岗位之外，还要加强锻炼员工队伍的整体执行能力。其中，最为关键的就是要解决以下三个问题：

（1）企业领导者要让自己的员工热衷于“打仗”，学会使用各种方法来调动人员的工作积极性；

（2）要让自己的员工会打仗，学会通过持续练兵来提升人员的综合素质和团队的专业化素质；

（3）企业决策者还要经常训练队伍作战的有序性，毕竟只有进退有序，才能成为一支战无不胜的商场“铁军”。

领导者的执行能力则要通过运营流程和具体的运营设计来体现，这才是最为困难的一部分。如同一支要到河对岸去的部队，过河的目标已经分析清楚，关键问题就在于过河的方式与过程是要造船过河，还是要搭桥过河。在这个过程中，对于企业运营中可能出现的重大问题要提早做好预案，以备不时之需，绝不能等到事情万分紧急、降临到头上的时候再“踩刹车”、“拐急弯”。除此以外，在具体的针对、运营问题的处理过程中，还一定要学会“拧螺丝”。也就是说，在用四颗螺丝钉来固定一个平面的时候，不能先完全拧紧一个螺丝钉，然后才去拧其他三个。一定要循序渐进，每个螺丝钉拧几环之后，再轮番固定死。只有通过这样的处理方式，才能及时发现与规避企业发展过程中可能出现的各种问题，也才能及时调整企业战略中不恰当的部分，以实现企业的发展和成功。

目前的巨人集团已经发展成一家以网络游戏为基础，集研发、运营、销售为一体的综合性互动娱乐企业。显然，巨人所取得的这些成绩与史玉柱对团队执行力的强调密不可分。可以说，如果没有执行力的存在，就不会出现巨人今日的成就。

那么，如何保证公司战略的有效实施？如何使企业这部机器运转正常？公司可以通过以下八大举措来促进公司战略的有效实施。

### 1. 战略目标分解

战略目标具有宏观性、全面性的特点，但战略目标作为一种总目标、总任务和总要求，总是可以分解成某些具体目标、具体任务和具体要求的。这种分解既可以在空间上把总目标分解成一个方面又一个方面的具体目标和具体任务，又可以在时间上把长期目标分解成一个阶段又一个阶段的具体目标和具体任务。人们只有把战略目标分解，才能使其成为可操作的东西。可以这样说，因为战略目标是可分的，因此才是可实现的。

战略目标的分解应自上而下，逐层分解，形成部门的子目标，直至最基层的目标，实现战略目标的可操作性。

**2. 建立一个有竞争力、生产能力和交资源力量的组织以成功地实施战略**

为了保障战略的顺利实施，企业需要为关键的位置挑选有能力的人才，确定组织具有其所需要的技术、核心能力、管理人才、技术诀窍、竞争能力和资源力量，以有助于成功的战略实施的方式组织业务流程、价值链活动和决策制定。

**3. 建立预算**

将足够的资源投入到对战略至关重要的价值链活动中，预算是企业战略的数字化表现，同时也是战略实施的重要保障。战略的实施必须要有足够的资源支持，尤其是关键的战略活动更是要得到100%的人力、物力和财力支持。

**4. 对价值活动进行最佳运作，并不断提高其运作水平**

即便是在同一个行业内，企业与企业之间的价值链还是有差别的。不同的战略选择对价值链元素的要求是不同的。在PC行业，戴尔（DELL）的价值链与其他同类型公司的价值链就存在区别，这是因为DELL采用的是直销模式，而其他电脑公司采用的是传统的代理模式。DELL的价值链中有它独特的东西，这也是支撑DELL战略的关键。毫无疑问，价值链的活动直接决定公司战略的执行效果。因此，企业要想提高战略执行的水平，就必须要通过不断对企业价值链活动进行调整和优化，提高其运作水平。

**5. 建立信息交流体系，使公司的人员在战略执行过程中能够得到充分的信息支持**

信息交流体系作为公司的中枢神经在公司战略执行过程中的作用是

无法估量的。及时高效的信息交流可以使管理人员感知现在、洞悉将来，对各种环境因素变化及时做出调整和反应，从而做到及时发现问题和解决问题，并对战略执行中出现的偏差进行及时调整和修正。

**6. 将报酬和激励与达到业绩目标实施战略相联系**

没有基于业绩目标的考核体系，战略的执行也就没有了严肃性。每一阶段的战略目标是否实现必须要通过企业的经营指标和数据来说话，而基于业绩的考核体系对企业的员工来说就好比是指挥棒，它指引企业员工前进和努力的方向。如果公司的考核体系与公司的战略不匹配，那么就会出现南辕北辙的现象，公司的战略恐怕永远只会是魏国人心目中的楚国。

**7. 创立一种支持战略的工作环境和公司文化**

今天，文化的重要性正在得到越来越多的认可。文化与战略密不可分。不同的战略需要不同的土壤，这就好比橘生淮南为橘，橘生淮北则为枳，而文化无疑是土壤中最重要的元素之一。文化会影响人们的行为和决策，从而影响公司的战略执行。

**8. 发挥带动战略实施所需的内部领导作用，不断提高实施战略的水平**

如果没有郭士纳可能就没有今天的 IBM，正是凭借他非凡的领导能力，才让郭士纳把 IBM 带出了迷雾，走上了康庄大道。战略的成功需要强有力的领导保证，否则再好的战略也很难推行下去，更不要奢望会有好的结果。

脑白金和《征途》两个团队的执行力相信会给许多人留下深刻印象。尤其是前者，遍布全国 2000 多个办事处网络，上万个销售终端，动作划一，令行禁止。整个系统运行多年却依旧保持高效，且基本不出故障，的确让人惊奇。执行力最原始的基因在哪？就宏观而言，一个团队对其灵魂人物的信服是其得以保证的重要前提。这话粗看似乎是在搞“个人崇拜”，但往细再想，每一个员工都不是生活在真空之中，要让人信服，一则依靠能力，所谓高瞻远瞩，见识过人；再则凭借人品，所谓严己宽人，以德服人。

从企业决策行为来看，对目标、行为的论证，往往会夹杂着不同意见，保证“思想统一”往往是执行力得以保证的前提。在这个时候，让人信服且有自我约束力的权威显得非常重要。以《征途》为例，从这款游戏的架构——做一款“大而全”的游戏；到运营模式——采用免费运营的模式；再到渠道建设——从二、三级城市和县城发力；最后提出诸如“给玩家发工资”和“开时间区”等市场行为，如此种种，基本都来自史玉柱本人的想法。

《征途》团队是一个新建立的团队，史玉柱亲身参与到研发、策划、市场、宣传等日常的工作之中。因为他本人的参与，那些以往在网游从业多年的员工才会逐渐明白，史玉柱久经市场考验的能力不仅仅在保健品领域。

史玉柱的团队异常稳定，甚至在他事业陷入最低谷时，团队骨干也伴随着他度过人生最艰难的岁月。员工也是凡夫俗子，能长期追随一个人，也从一个侧面印证了这个人的为人。其实，他的团队高层私下都清楚一个道理，老板是刀子嘴豆腐心，骂人归骂人，不会夹杂其他，并且，老板做错了也会自我检讨。

用结果说话，没有任何理由。史玉柱会让每一个员工明白，评价做事的成果，最终凭的是功劳而不是苦劳。公司只有一个考核标准，就是量化的结果。正是以结果论英雄，他才练就了一个强有力的队伍。但如何在保证结果的同时，保证管理的人性？史玉柱的一个管理思路就是："制度无情人有情"。

史玉柱用人的一个原则是，只提拔内部系统培养的人，坚决不用空降兵。他认定的理由是，内部人员毕竟对企业文化的理解和传承更到位，并且相对而言执行力更有保障。对于一个商业模式定型、管理到位的企业来说，执行的保障比创造的超越更为重要。从这个方面来讲，史玉柱是典型且极端的实用主义者。

体现《征途》和脑白金团队执行力可以从两个典型的例子来看，一是《征途》无处不在的海报；二是无处不在的脑白金终端。贴海报是体现一个企业管理能力的综合表现，在竞争激烈的大城市，一般的网络游戏公司能贴上去就已经不错了，能在那存在一天已经很好了。但对《征途》员工来说，贴海报之前他就清楚地知道，这个海报所贴的位置以及存在的时间都会有专人检查，所以根本不会有偷工减料的想法。由此，员工执行的细致程度和责任意识也就可想而知了。

相比《征途》严密的监查体系，我们也看到，一些外资网游公司把这种中国特色的终端争夺战简单化处理了。其相关人员基本上就是贴了海报，照张照片，然后回去拿钱，不管这海报 5 分钟之后就被覆盖，还是被遗弃在路边，其实际效果可想而知。

另外，史玉柱拓展网络时选择的是几乎没有什么竞争的二级甚至是三级城市的网吧。在这些地区，他的团队如鱼得水。对于这些中小城市的网吧老板来讲，很少会有大厂商的人来到他们这种小地方，所以，《征途》主动来访，自然就成了“大客户”。网吧老板大都兴奋地端上好茶，并且积极主动地帮助张贴海报。

再说下脑白金，即便是大年三十，在脑白金所有的终端里，都还能看到脑白金促销员的身影，支撑他们依然在岗的是什么？是制度的力量。他们已经习惯过年时全员上岗的工作状态，并且，他们也切身感受到这种工作状态对自己的好处（这是年度销售最集中的时候，销售人员不能不顾）。这两者的有效融合，便生出了可怕的执行力。

很多时候，员工需要一本企业的读本，这读本能让他明白自己的职责，让他明白企业的产品，让他明白企业的文化。关键的是这读本的“成色”。在中国的企业读本中，我们习惯看到的是洋洋洒洒的著作，漂亮却未必管用。对于要保证执行力的企业来说，“三大纪律八项注意”式的宣导模式更见成效。在史玉柱的管理小册子中，终端管理手册、周边市场管理手册、办事处管理手册、经销商管理手册等等，大多就几页纸的样子，言简意赅，通俗易懂，却说一不二。

小到贴在商场玻璃门上“推”“拉”广告的高度，大到经销商回款晚一天其信用评级下降一颗星，这些在脑白金和《征途》的行动执行手册中都有详细规定。这些事无巨细的手册，几乎成为员工们的“红宝书”。尤其是脑白金，经过10年打磨，已成一台高度严密的机器，任何人放在特定的岗位都能规范化操作，执行力也就得到了很好的保证。

## 创业心得

“执行力”是令众多老板爱恨交加的一个词。企业如何令行畅通，如臂使指；如何将宏伟的想法变为成果，执行力是个关键。执行力既好看又好用，却不好学。企业执行力的修得，更非一日之功，需要多年的历练与积累。史玉柱提出的企业理念是：说到做到，严己宽人，只认功劳，不认苦劳。这16个字也可以理解成是企业执行力不可或缺的元素。光有好的创意是不够的，执行力的强弱决定了企业未来的命运。对于初步创业的公司，如何来检测自己的创业执行力呢？下面的六个特征值得创业者参考。

### 1. 具备相关领域的知识

例如要开创一家提供IT服务的公司，就要了解大型公司IT系统经常遇到的问题，如客户突然增加时引起的安全以及可检测量的问题；还要了解这些客户面临的挑战，如预算不宽裕，希望在原有的系统上进行改造。创业团队中的成员，如果具备在IT行业工作的经验，对行业有深刻的认识，都将是开展这些业务的良好条件。

### 2. 应对快速增长的组织准备

当业务突然呈现快速增长时，对创业公司的人力、物力和售后服务都会提出巨大的挑战，所以要按优先次序做好组织的建设和准备，以应对这些挑战。

### 3. 要有打败恶意竞争者的经验

市场竞争中，创业者必须勇敢面对那些希望彻底打败你的人，不仅要检测到这些讯息，还要推动员工闯过这些充满竞争的战场。

### 4. 持续的风险管理

创业团队从一开始就知道他们必须对市场的走向做出预测，但意料之外的变化常常令企业措手不及，所以坚持不懈地与潜在客户和当前客户保持沟通，了解最令客户苦恼的问题，才能捕捉到市场快速的变化，保持企业有足够的能力应对一些潜在的风险。

### 5. 创业团队最好具有不同寻常的经历

市场销售技能、产品开发知识、销售领导才能，这是创业时，创业者频繁接触的领域。如果创业团队成员具备相关的经历，则可以有效地推进企业运作。创业者还可以雇用一些知名顾问，借他们的经验提升自己的创业能力。

### 6. 创业者要建立和保持强大的员工队伍

在创业最初的阶段，树立企业文化和价值观与其他工作一样重要。明确企业的发展目标，赏罚分明和员工建立起互信关系，这些都是创业者应该具备的领导技巧。

在企业创始阶段，大多数创业团队不可能都做到这些方面，但可以用这个标准去衡量自己，找出自己欠缺的地方，设法弥补这些缺陷，因为这本身就是提高执行力的一个过程。

# 把一件事情做到极致，创业需要专注与坚持

一个人一生的精力是有限的，能做的事情也是有限的，但如果能把全身心的力量投入到一件事中，那成功的机会就变大了。一生只做一件事，专注坚持，你一定会成功。

爱迪生说过，天才等于百分之一的灵感加百分之九十九的汗水。在通往成功的道路上不是每一个人都会得到幸运女神的眷顾，但专注于做好一件事情并坚持走下去的人一定能看到更亮丽的风景。对于创业者来讲，比速度更重要的是前进的方向。他们需要的不是加速的时钟，而是指引方向的罗盘。

专注是什么？专注是聚焦，集中优势资源做重要而紧急的事情；专

注是精于此道以此为生；鸡蛋不要放在一个篮子里不是对所有人说的，当篮子里鸡蛋很少，或者对手的篮子里鸡蛋更多，毕其功于一役是绝对首选。有的企业，一个产品就可以天下无敌，比如可口可乐、百度搜索；有的企业有许多产品，却哪个也不下蛋。产品、渠道、价格、广告、促销、管理、人员、区域资源，总有一个关键部位是你的专长，是对手的软肋。不是因为做的太多，往往是做的太少。

坚持是什么？简单的事情、同样的事情反复做。射击运动员每天的动作就是瞄准、扣动扳机，再瞄准再扣动扳机，十几年如一日，这样做，冠军也只有一个，简单的动作重复才能做出精品。

1995 年 5 月 18 日，巨人集团同时在全国上百家报纸上用整版广告，一次性推出保健品、电脑和药品三大系列 30 个新品，而其中又以保健品为主，一次性推出包括减肥、健脑、醒目、强肾、开胃等在内的 12 个品种。15 天内，市场订货量突破 15 亿元。不到半年，巨人集团的子公司就从 38 家发展到了 228 家。

1996 年年初，史玉柱发起“巨不肥会战”，以“请人民作证”的口号再一次在全国掀起保健品热销的狂潮。如此疯狂的多元化势头，也预示着将来的惨败。史玉柱曾如此描述当时的疯狂劲头：那时候，头脑发热，做过十几个行业，全失败了。比如，当时做的脑黄金、巨能钙、治心脏病的药，我们的老本行——软件、计算机硬件。当时传销还不算违法，还成立了一个传销部开始研究传销。传销队伍刚培养好，国家开始说传销违法了，最后那批人就解散了。当时甚至还成立了一个服装部门。

当时的史玉柱就如同古希腊神话中的少年——伊卡洛斯。伊卡洛斯的父亲狄德勒斯是名巧匠，利用岛上的蜡烛，制作了两副精巧的羽翅，一副给自己，一副给伊卡洛斯，希望可以借此逃离囚禁的命运。在起飞之前，父亲千般叮咛，警告他翅膀是蜡制的，遇热会融化，因此绝不可高飞，要避开阳光。

伊卡洛斯对父亲的叮咛完全了解，但是，起飞之后，他的心立刻被好奇与狂喜占据，忘记了父亲的告诫，于是越飞越高。终于，他感觉到那对翅膀仿佛像泪水一般融化成一滴一滴的液体，在阳光中飞散而去。伊卡洛斯也如同浪花礁岩，掉入大海中。

1997 年前，步步高电子公司老板段永平也曾给过史玉柱忠告：做企业犹如高台跳水，动作越少越安全。然而，那个时候的史玉柱正处于多元化的冒进当中，自然很难明白段永平话中的意味，但是在摔了一跤之后，史玉柱突然觉得自己明白过来了。

“在中国，多元化的企业除了复星之外，成功的没几个。中国企业家 10 年前的最大挑战在于占据机遇、把握机遇。随着这 10 年来经济法制的进一步规范，使得各行业进入白热化的竞争，所以现在企业家的最大挑战在于是否能够拒绝诱惑。以前各行业竞争不激烈，你什么也不懂，但只要你进去别人没进去，你就很容易赚到钱。现在竞争激烈了，专业化是非常必要的。但是我们许多民营企业还是沿用过去的思维，即便现在我也有这种认识，但有几次我也没忍住，把投资报告提交给（决策）委员会，都被枪毙了。专业化不仅对中国企业适用，全球行业的发展趋势肯定也是走专业化道路。对于当时违背经济规律的做法。”史玉柱认为是所谓的“多元化经验”。

他说，比如巨人汉卡，当时巨人汉卡确实做得不错，做得很好，销售额也很大，利润也很可观，在同行业里面已经算是佼佼者了。但是很快我们就以为自己做什么都行，所以我们就去盖了房子，制了药，又搞了保健品。保健品脑黄金还是成功的，但是脑黄金刚一成功，我们接连一下子又搞了 12 个保健品。然后软件又搞了很多，最后还搞了服装。

珠海巨人的失败教训以及所有进行过多元化扩张并最终失败的企业都给了史玉柱一个警告，那就是盲目进行多元化扩张必将元气大伤。史玉柱后来反思说，中国民营企业面临最大的挑战不是发现机会的能力，而是领导者的知识面、团队的精力、企业的财力问题。现在各领域的竞争都是白热化，企业只有集中精力，形成核心竞争力才能立足，否则就会一夜间消失。

“多元化扩张，还是专业化突破?”这是很多中国企业做强做大之后面临的一个最为头痛、最具争议的问题。相关数据显示，通过对 412 家企业样本进行分析，从回报率来说，专业化的经营方式远优于多元化的经营方式。而且并不是所有的企业都可以复制 GE（内存修改编辑工具）的多元化辉煌。在中国企业的多元化道路上，倒下了太多的企业巨头。从联想 FM365 的倒闭，到海尔生物制药的无功而返、实达沦为 ST 股、奥克斯汽车停产、德隆系的垮台，甚至有学者断言:“包括海尔在内，中国现在还没有一家企业搞多元化是成功的。”对此，史玉柱告诫诸多创业者，只有专注才能减少失败概率。因为失败的企业都有一个共同特点，就是没能抵挡住诱惑，战线拉得过长。

1997 年的巨人事件后，史玉柱痛定思痛，为自己定下三条铁规：第一，必须时时刻刻保持危机意识，每时每刻提防公司明天会突然垮掉，随时防备最坏的结果；第二，不得盲目冒进，草率进行多元化经营；第三，让企业永远保持充沛的现金流。

1997 年之后，史玉柱如履薄冰，十年磨一剑，先靠脑白金站稳脚跟，再把保健品的运作模式克隆到网络游戏领域，同时全面发展，进军银行业，从而一洗当年“三大战役”全军覆没的败迹，再次登上富豪榜。

如今史玉柱的投资部门还在金融业继续自己的资本游戏，史玉柱将他们的活动范围基本上限定在银行和保险业，他的投资逻辑是：一般的企业，随着规模增大，资产的收益率会逐步递减，这就是“规模的诅咒”；而银行则相反，由于自有资本比例很低，左手吸纳储蓄右手发放贷款，其实是一个杠杆，拿别人的钱赚钱，因而随着规模增大不仅不会降低自身资产的收益率，反而会提升其收益率。

史玉柱在自己的“征途”上，重新站了起来，或许有一天，他会踏上另一个“征途”，但这一天，可能还从未列入史玉柱的日程表。

多元化还是专业化是一个永远困扰企业家的问题。对于这个问题，20 世纪 80 年代末 90 年代初期的中国民营企业有过切身之痛。当时，多元化几乎是一个潮流，从王石的万科到史玉柱的巨人集团，都走过多元化的道路，其结果多是失败和不尽如人意。多年以后，在谈及多元化的时候，史玉柱仍然心有余悸：“多元化经营没有几个可以成功的，巨人集团就是典型多元化的失败案例，最后的下场是一塌糊涂。”

## 创业心得

在商业经营中，企业不可能面面俱到，只有做到有所为，有所不为，才能创出一番成就。史玉柱多次谈道，我们会继续坚持专注化，绝不会盲目走多元化的道路。作为一个优秀的企业，必然也要“集中优势兵力”，专注于自己的核心性业务，把能够做好的事情做好。“集中优势兵力”，相对于企业来说，就是要集中优势资源获得局部精湛的绝对优势，集中人力、物力、财力做可以预见到的成功率与回报率最高的事情。任何一个企业都面临资金、人才、管理能力、所获得的信息等资源限制。如果把这些有限的资源都集中在某一点上，就有可能把这一点做精、做透，做到最好。专业化是创业者创业成功的一个重要因素，因为精所以深，门槛提高了，别人就不容易进来。专业化生产一般最后都会形成独占性生产，至多是几个行业寡头同台竞争，行业间比较容易协调，从业者较易形成相互保护默契，有利于保持较高的行业平均利润。

经测算，普通产品的生产者，如果其利润是15%，那么，一个专业化生产的产品，它的边际利润通常可以达到60%～70%。当一个企业进行专业化生产时，其成本多数都用在解决方案的开发和创意阶段，一旦方案成立，就可不断复制，并依照自己的意愿，确定一个较高的市场价格。因为你是唯一的或少数能提供该解决方案或产品的人，所以，市场对你的高定价根本无力反对。专业化生产的另一个方式是，以简单化带动大规模，迅速降低行业平均利润，使小规模生产者根本无利可图，从而不敢也不愿与你同台竞争。所以，创业者应该在现有的创业经验积累下，专注如一，激情百倍地将手头的事情做到极致才是成功之道。

# 借势造势引起关注，利用媒体制造营销事件

事件营销当属“做势”，正所谓是“高手做势，中手做市，低手做事”。

在品牌、广告竞争越来越激烈的今天，事件营销正成为许多企业以小搏大、以少胜多、后来者居上的竞争利器。因此，它越来越受到人们的关注。事件营销也叫活动营销。它是指企业整合自身的资源，通过借用社会关注焦点，策划富有创意的活动或事件，使之成为大众关心的话题、议题，因而吸引媒体的报道与消费者的参与，进而达到提升企业形象以及产品销售的过程。

事件营销就是参与大众关注焦点话题，将自己带入话题的中心，由此引起媒体和大众的关注。因为许多话题往往在开始时，并不见得受人

关注，所以企业需有敏锐的观察力。企业不应该直接介入那些人们正在热烈讨论的事情，因为大家都在讨论，你的言论可能会被淹没在言论大海中。企业的最佳介入时机，应该是话题还没有被人充分讨论时，或已经充分讨论了但高度不够时，或在话题讨论的最后阶段，企业从另外角度再次引燃话题。

作为一个成功的企业家不仅要善于宣传自己的产品，而且还要善于创造一些大事件来让媒体纷争报道，这样不仅能提高企业和产品的知名度和美誉度，还能够节省大量的广告费用。

巨人危机后，史玉柱渐渐淡出了人们的视线，似乎已经销声匿迹。债主们对他的怨恨也慢慢变成一种无奈的抱怨。然而，2001 年 1 月 30 日，珠海一家名为“士安”的公司在《珠海特区报》上打出的一条公告再次让人们兴奋，这条名为“收购珠海巨人大厦楼花”的公告称，以现金方式收购珠海巨人集团在内地发售的巨人大厦楼花。收购方式有两种：一是以 100%的价格收购，分两期支付，即现期支付 40%，2001 年年底再支付 60%；二是以 70%的价格一次性收购，收购时间为 2001 年 1 月 31 日至 2 月 15 日。

士安公司为什么要这么做？这家公司的背后是何许人也？后来人们才知道，珠海市士安有限公司的一切表演都是史玉柱在幕后导演的。此举只有一个目的，就是给百姓还钱。当年，珠海巨人集团一共欠了中国香港和内地老百姓 2.5 亿元。

据了解，在准备还这笔钱时，史玉柱考虑过两个方案，一是以珠海巨人集团名义还，二是以个人名义还。但是，这两个方案都不能保证他筹措的1.5亿元人民币可以安全地还给老百姓，因为，珠海巨人集团还有企业债务，而史玉柱本人是珠海巨人集团的法人代表。因此，士安公司纯粹是为还债而诞生。

史玉柱主动还清了这笔本来可以逃避的债务，此次善举换来的并不全是善意的回报，反而被有的人怀疑是为史玉柱的新产品——脑白金的炒作。不管舆论如何，从客观上看，这次还债确实是一举两得：从道义上讲，史玉柱重新塑造了自己的形象，实践了当初的诺言；从利益来讲，此次还债使他和他的企业再次成为人们关注的焦点，他用1.5亿元的付出换来了10亿元的广告效益。

新闻事件就是社会上新近发生、正在发生或新近发现的有社会意义的、能引起公众兴趣的重要事实。新闻事件是一种投入产出效益非常可观的营销手段，也是事件营销的“载体”。但很多企业对运作新闻事件还很陌生，很多人不懂新闻，更不会写新闻稿。史玉柱非常强调，事件营销就是通过制造新闻事件，吸引媒体注意，通过媒体传播，达到预期的宣传目的。因此，史玉柱提醒创业者，需要对新闻的主要特性做一番解读：

第一，新闻要典型：新闻要有代表性和显著性。

第二，新闻要有趣：新闻要有让公众感兴趣的点。

第三，新闻要新鲜：新闻应提供与众不同的信息。

第四，新闻要稀缺：新闻应是难得一见、鲜为人知的事实。

第五，新闻要贴近社会公众：越贴近公众，新闻性越强。

第六，新闻要有针对性：紧扣某一事件。

第七，新闻要有时效性：要在第一时间对事件做出反应。

## 创业心得

史玉柱说：宣传用什么手段呢？我建议别上电视。第一，报纸；第二，创造事件营销。让媒体作为新闻传播媒介自觉地去报道你，这样很省钱。

马克·休斯是一个老道又颇有名望的市场营销专家，他说，“新闻媒体的妙处是什么？就是它拥有消费者注意力。”他认为，“正因为它拥有人们的注意力而且可信，媒体可以夸大你的产品。”

俗话说，“新闻无小事，媒体无大小。”这是由“媒体共振规律”决定的。无论多么不起眼的媒体，只要是合法存在的，它的话语权就不亚于任何一个主流的大媒体，因为在当今的网络时代，只要一个媒体“发难”，即使那完全是一则虚假新闻，网上也会转载传播。

但是，如果善于抓住机会，利用媒体，制造一些营销事件，让媒体自觉为企业报道有利的消息，将是说服力最强的一种宣传方式。

2001 年 2 月 9 日，民间对史玉柱还钱的举动议论愈演愈烈，争辩不绝于耳之时，史玉柱接受了《北京青年报》的专访，在这篇以《我想站起来，背着污点做不了大事》的长篇专访中，史玉柱从正面回答了各种媒体上对他的报道和议论：

记者：“你斥资上亿回购楼花还款百姓的事情炒得非常热闹，

请问还款百姓，究竟是善举还是为自己的公司、为自己树立良好的信誉形象?”

史玉柱:“我觉得两者并不矛盾，是统一的，我不讳言两者都有。近日，经济学家发言批评我说：你巨人公司没有‘有限责任’四个字，说明你是个无限责任公司，你史玉柱本来就该还钱，没什么好宣扬的。我觉得很可笑，这位经济学家不懂‘法’。1992年，巨人公司注册时还没有《公司法》，没有有限、无限责任之说。按照他们的观点来说，这钱你史玉柱本来就该还，逃都逃不掉的，你应该把本、息一块都还上，把几年来造成的经济损失还上，精神损失也应该补上。我史玉柱个人借款1个多亿还老百姓钱，还钱还成罪人？媒体如果总这样，我没办法，我无话可说”。

“现在回过头来想想，我觉得我人生中最宝贵的财富就是那段永远也无法忘记的刻骨铭心的经历。段永基有句话说得特别好，他说成功经验的总结多数是扭曲的，失败教训的总结才是正确的。”

记者:“为什么要还这些你本来可以不还的钱？在这个时代，这看上去太古典了。”

史玉柱:“因为我们坚信我们将来还是要做大事的。……背着污点做不了大事，谁都会说:‘这个人把公司搞得一塌糊涂，欠老百姓钱也不还。’这样的话你将来什么事都干不了。”

记者:“就是说道义之外，这也是一个很现实的考虑。”

史玉柱:“一举两得。我尽了我应该尽的职责了，社会责任我尽到了，对我将来发展有好处，眼前我好像吃亏了，1个多亿现金我付出了，但是这个回报我觉得不止1个亿。”

如果当初选择了破产，巨人集团就可以清算了事，今天的史玉柱也就可以不必用那么曲折的方式，通过第三方公司来还钱，他从脑白金上赚来的两亿元资本，完全可以给他带来更多的利润。

史玉柱说，“2001年还钱的‘新闻’不是策划，至于全国媒体的报道也是被你们生逼出来的。不管外界怎么评价，其实说到底我不是太张扬的人，能回避就回避，尽量少接触，因为我现在没这个需要。”

从现实来讲，还钱对史玉柱来说，其实也是最好的复出和推广方式。因为，史玉柱把钱一还，不仅扫除了自己在前进道路上的障碍和心理阴影，还给自己做了一个大广告，树立了良好的形象。

可以说，还钱使史玉柱东山再起，在一夜之间家喻户晓。“无心插柳柳成荫”，通过还钱之举，2001年上半年“史玉柱”成了全国上下曝光率最高的名字之一。凭着还钱的举动，史玉柱还成功当选为中央电视台评出的“2001年央视十大风云人物”，更是声名鹊起、轰动一时。

了解传媒和广告操作的人都知道，以新闻刊出的报道的传播效果比广告不知要高出多少倍。假如，如果将这些铺天盖地的媒体报道都换算成广告版面的话，所要付出的资金会远远超过史玉柱还钱所花的一个亿。

据统计，由还钱而引发的新闻报道的广告价值超过1个亿，正好与他还的钱数相当。因此，还钱等于是变相地做了一个广告，而史玉柱在这个阶段正需要加大宣传力度，他将本来就要用来做宣传广告的钱用还债的形式来消费，既还了债，又做了广告，还树立了很好的公众形象，一举多得。

孙子说:“帮善战者，求之于势。”善于抓住机会，制造一些营销事件，让媒体自觉为企业报道有利的消息，将是说服力最强的一种宣传方式。通过借势造势，可以给消费者一种外在的推动力，从而造成购买动机。

# 站在客户的立场上思考，引导消费才是真正的营销

引导消费要在满足消费者需要的基础上因势利导、推陈出新，从而将消费者的消费理念引向一个新的方向和水平。

“消费引导”与“引导消费”，仅仅是字序不同，但是两者的内涵差异极大，两者对于现实厂商营销运作的指导意义也截然不同。所谓“消费引导”，即消费者引导厂商，厂商根据消费者的现实需求，生产销售产品，以满足消费者所需。根据“消费引导”理念，消费者占据主动地位，厂商处于被动地位，厂商的营销核心——提供产品来满足消费者现实需求。所谓“引导消费”，即厂商引导消费者，厂商生产销售创新产品或者消费者非高关心度的商品，而厂商必须想方设法引导消费、

创造需求，将消费者脑海中未有的或者潜在的需求转化为现实需求。根据“引导消费”理念，厂商占据主动地位，消费者处于被动地位。我们并不常接触的高科技产品，以及一些嗜好品，都是厂商主动引导消费，从而激发需求的结果。

“消费引导”理念曾经是经典营销理论的基石——简单来讲，营销就是满足需求的过程。相比于20世纪初的“生产观念”、“推销观念”，基于满足现实需求的“消费引导”营销理念前进了一大步。在“消费引导”理念的指引下，全世界厂商倾力生产各种各样的产品以满足消费者所需。20世纪中下叶，全球市场空前繁荣，社会上各类商品空前丰富，结果消费者面临的不是物质短缺，而是商品太多，难以选择的问题。

显然，这是“物质过剩”、“生产过剩”的年代，基于满足需求的“消费引导”营销理念已经无法为厂商塑造额外竞争优势，其对厂商的营销运作实际指导作用在逐步降低。

只有主动引导消费，创造需求，采用全新的营销理念——营销是改变消费者观念的过程，才有可能为厂商的营销运作抢占先机，塑造优势，增强竞争力！

一方面，生产过剩的时代到来，令“消费引导”满足需求的营销理念渐渐失去了用武之地，厂商必须寻找新的理念来帮助他们重组营销构架，塑造竞争优势；另一方面，21世纪的地球数字化、智能化、网络化，基于高科技的新技术产品层出不穷，这些新产品的功能、作用，非普通消费者所能知晓，厂商必须经有效的引导消费营销战略，才有可能激发消费者的潜在需求。还有，最重要的是，厂商与消费者对产品信息了解程度的严重不对称，是我们大力提倡厂商运用“引导消费、创造需求”理念的根本假设前提。互联网技术的日新月异，世界上商品信息的储存量每时每刻以几何级的速度倍增，但是每个消费者每天所能够接收的信息非常有限，消费者的注意力相对于浩瀚的信息源成为极为稀缺的资源。可以这样假设，消费者所能主动了解的商品信息，特别是新技术产品的信息接近于零，而厂商对自己生产、销售的产品信息基本上完全了解，两者之间产生严重的信息不对称，厂商的营销使命首先在于——通过各种传播途径告知消费者详细的产品信息，尽可能令双方信息对称。

脑白金品牌的策划，完全遵守“721 原则”，即花 70%的精力服务于消费者，把消费者的需求放在第一位；投入 20%的精力做好终端建设与管理；只花 10%的精力用来处理经销商关系。之所以要花费大量的精力在消费者身上，史玉柱认为是因为:“营销是没有专家的，唯一的专家就是消费者，也就是你只要能打动消费者就行了。”

当初保健品市场竞争那么激烈，在一片“红海”深处，史玉柱用脑白金、黄金搭档创造了一片“蓝海”，大获成功。究其原因，史玉柱认为:“我的成功没有偶然因素，是我带领团队充分关注目标消费者，做了辛苦调研而创造出来的。”

早在 1988 年，就是因为了解到消费者的需求，才使史玉柱萌生了创业的念头。自从“三大战役”失败后，史玉柱就养成一个习惯:“谁消费我的产品，我就要把他研究透。一天不研究透，我就痛苦一天。”

史玉柱认为，“要想搞出好的策划方案，就要去了解消费者，但消费者又是最难了解的，所以为了加深对消费者的了解，就得花费大量的时间。”2003年，史玉柱驾驶着自己的奔驰轿车一边游山玩水，一边做市场调研，走遍了中国除台湾省、澳门特别行政区之外所有的省、市、自治区。“营销是没有专家的，不能迷信专家。我认为大学里有关营销的教材80%的内容都是错的。要说有专家，我认为唯一的专家就是消费者。要做好一个产品，在前期论证阶段必须要有大量的时间融入消费者当中。我培养了一支队伍，他们必须要跑市场，我要求他们每个月至少要跟100个消费者进行深度交谈。必须本人拿着产品上街推销，推销不出去就罚钱，卖掉了就作为奖金。这就逼着他在推销的过程中去完善他的销售说法。一旦他的销售说法能得到消费者的认可，就把他的话总结下来，变成广告。我的策划从来都是从市场中消费者那里学来的。”

对于网游市场的营销，史玉柱曾一再向媒体表示：“很落后，这个行业最不重视对消费者的研究。”在网络游戏界几乎没有一个领军人物能够像史玉柱那样玩游戏，一玩就是20多年。史玉柱还喜欢在游戏中与玩家交流，听取玩家的意见和建议。从这个角度来说，正如一些媒体报道中所说的那样，玩家在不经意间已经享受到世界上身价最高的“客服”服务。据称，史玉柱在开发《征途》的过程中与2000个玩家聊过天，每人至少2小时。这样算下来的话，总共用了4000多个小时。

在4000多个小时的聊天过程中，史玉柱体会到玩家在网游中的乐趣、激情、郁闷、义愤、欢畅、紧张、张狂、好奇、窃喜、悔恨、嫉妒、无奈等等。所有这些玩家的复杂甚至对立的情绪，在聊天的过程中，他都已了如指掌。给所有这些情绪一种载体，一种释放机制，正是《征途》最吸引人的地方。

而史玉柱也扮演着玩家的角色，据他说：“做网游《征途》时，一天有 15 个小时泡在网上，但那并非是无聊消遣，而是充当玩家挑毛病，让《征途》尽可能地完善。”

史玉柱认为，他的竞争对手陈天桥和丁磊都是不玩游戏的，因此他们不能深切地感受到什么样的游戏产品能够让玩家欲罢不能，他们也不会明白游戏为什么一定要进行枯燥的打怪升级，这些问题没有一定年限的游戏经历也根本没有办法回答。

史玉柱在刚刚做《征途》的时候，发现大部分游戏升级都非常痛苦。玩家经常是从晚上开始练级到第二天早上，一只手放在键盘上，一只手拿着鼠标，一直保持这一个动作。在史玉柱看来，网游 90%的时间都是在痛苦的练级过程当中，只有 10%的痛快，而《征途》要将游戏中 90%的痛苦省去，只享受这 10%的痛快。于是他就把游戏规则改了，去掉了打怪的过程。这样一改动，同行们纷纷指责史玉柱不懂游戏，是个门外汉。

然而，2007 年 5 月，《征途》宣布同时在线人数超过 100 万，而这相当于一个中型城市的人口。在第三届中国游戏产业年会上，史玉柱另一款游戏《巨人》被评选为“2007 年最值得期待的网游”。

“现在所有的游戏都在跟我们学了，你只要跟着玩家走，满足他们就行了，不要管这个行业怎么评论，什么不懂游戏、不公平了。唯一的评判标准就是玩家。”

为了吸引更多玩家来提意见，史玉柱主导研发的《征途》和《巨人》游戏都曾发起过大规模奖励玩家提意见的活动。《征途》和《巨人》里有不少游戏设计均是来自玩家意见。比如，自动寻路、自动打怪和发“工资”等游戏设计，都得到了玩家的认同，被同行业广泛借鉴。

为了更好地为玩家提供服务，巨人网络首创“客服预约模式”，“玩家可以让客服找到自己”。这是因为，“客服电话难打”是网游行业的一个难题。巨人网络客服的热线接通率已高达95%。但是当游戏出现突发问题时，热线拥堵、玩家等待的情况偶尔也会发生，容易造成部分玩家的误解。

巨人网络“客服预约模式”的主要内容是：当玩家电话呼入排队时间超过1分钟，玩家可以选择继续排队，也可以选择使用“电话预约服务”。玩家只要通过自助留言回访系统，留下相关信息和联系方式后，巨人网络客服会在最短的时间内主动联系到玩家，解答相关问题！

该模式不但为玩家节约了时间，还节省了电话费用，并保证玩家的问题都能得到处理。这种处处为玩家着想的态度，使巨人网络受到了玩家的好评，并于2007年度中国游戏产业年会上，获得7项大奖。

这些奖项分别是：《征途》获“十大最受欢迎网络游戏”和“十大最受欢迎民族网络游戏”；《巨人》获“2007最受期待的网络游戏”；巨人网络获“十佳游戏开发商”、“十佳游戏运营商”和“中国游戏优秀营销企业”；巨人网络董事会主席兼CEO史玉柱获“中国游戏业最具影响力人物”。

巨人网络总裁刘伟曾说过：“尊重玩家的感受，这是我们团队创业

18 年来最真切的体会，也是我们巨人网络要深刻体会的味道。每年都有新产品问世，竞争的世界里，是谁掌握生杀大权？是客户玩家，他们是真正的主角，他们有充分的能力和自由做选择，所以谁最了解玩家，谁能尊重玩家，谁能满足玩家需求，谁就能赢。所以为什么说自己要对产品的功能一再地优化，完全在于玩家。为什么需要创建平衡的虚拟世界，让花钱和不花钱的玩家都找到乐趣，是因为我们最注重游戏的平衡性。所以在巨人网络，每一位员工都知道的一句名言是：‘消费者是我们最大的老师。’”

## 创业心得

最成功的营销不是传播一种产品，而是传播一种思想，让消费者认同这种思想。企业要想从卖产品上升到卖思想的境界，首要的任务就是学会换位思考，即是站在客户的立场上看问题，而不是站在企业的立场上看问题。尽管很多企业都意识到了“以客户为中心”的重要性，但是因为缺乏相应的工具、方法和流程，这个理念在很多企业里都还停留在口号的层面上，无法落实。不要试图与市场抗争，营销计划的目标不应是改变人们的思想，而是要对潜伏在人们头脑中的想法与观念“积极而巧妙地”加以利用。为此，根据市场变化调整策略是创业者赢得未来的一个重要举措。

史玉柱提醒，自上而下的战略计划几乎无一例外地试图使市场产生某种变化，而由于这种变化不可能实现而使计划落空，战争中这样的例子举不胜举。施乐公司的总战略用意在计算机领域一展身手，以打破施乐复印机与计算机无关的成见。“我们能够改变这种观念。”公司的主要负责人信心十足地说。然而，事与愿违，尽管其在这方面耗资数十亿美元，施乐在人们的心目中仍然是复印机的代名词。事实上，营销的实质是让消费者接受个性化的产品观念，在公司内部进行相应的调整，不要枉费心机地试图改变顾客，要改变的应是赢得顾客的方式。对此，史玉柱指出，引导与创造消费者需求必须注意以下几点：

第一，通过改变人们的价值观和生活方式创造出新的需求。通过市场引导改变人们的习惯是较能获得成功的。因为一般来说，当你在改变人们习惯的同时，也在为自己创造一个市场，而这个市场最初往往是你所独立拥有的，别人暂时还没有意识到，也就很难进入你所创造的市场与你竞争。美国人对中国自行车的接受，中国人、日本人对咖啡的接受，都是企业进行创造需求的结果。

第二，通过主动参与新生活的设计，进而开拓出新产品。日本人突发奇想、绞尽脑汁设计出来的卡拉OK娱乐形式，征服了所有年龄层次、所有国家的消费者，旋风般流行于当今娱乐世界，就是主动参与新生活方式的结果。

第三，通过把握全新的机会来创新产品。企业在营销过程中，不仅要满足未被满足的现实需求和尚未实现的潜在需求，更要通过营销努力开发出新的产品去创造全新的需求。例如，电视机、电话机、手机等科技产品在尚未进入市场前，消费者并没有对这些产品的需求，只有当这些产品开发出来之后，才使消费者产生了新的需求。在知识经济时代，人们的潜在需求与日俱增，企业应充分把握这一良机运用新技术、新工艺来开发新产品来满足消费者的需求。

# 策划很重要，好产品要有好策划

如果在项目之初进行充分的论证、认真的研究，考虑各种可能性，把失败以后怎么办、成功以后怎么办都考虑到位，就不会出现后来的问题。

在史玉柱看来，导致一个企业可能付出的最大成本，并可能造成最大浪费的，并不是实际操作，而是决策失误。在史玉柱的概念里，“决策”就属于前期的策划范畴。显然，史玉柱所谓的策划，不仅仅意指广告策划，还有战略决策的成分在内。在一次巨人集团内部的干部培训班上，史玉柱举例说明了策划的重要性。他认为当初盖巨人大厦，就属于策划失败。如果当初在盖巨人大厦之前能够进行充分地论证、认真地研究，考虑各种可能性，把失败以后怎么办、成功以后怎么办都考虑到位，就不会出现后来的问题。虽然这样一来，前期可能会花费掉几百万的论证费用，但是却可以避免几个亿的损失。

史玉柱为什么如此强调策划的重要性？因为这是他从自己的失败教训中总结出来的经验。他发现，对于产品的营销来说，付出成本最大的不是在电视、报纸上投入的广告费用，而是做了不该做的广告。如果营销策划做得好，广告诉求点是正确的，能让消费者记住你的广告，那么即便其他工作环节做得差一点，最终产品也会卖得很好。但如果营销策划没做好，即便其他工作都做得非常到位，产品也可能滞销。

做电脑的时候，史玉柱就碰到了这样的问题。一开始的时候，他做了几个版本的电视广告，但都感觉效果不是很好，后来就请一家香港的广告公司来做广告。史玉柱的目标，是希望通过广告表现出一种力量，所以他的广告创意是一个男子抱着巨人的计算机从沙漠里冲出来。但这个创意拍出来的效果并不好，史玉柱想要的那种气势没有完全表现出来，所以这个广告在中央电视台播出后，反响非常不好。其结果就是广告打出去之后，巨人电脑的销量没有上升，投入和产出明显不成比例，最终巨人的电脑项目赔了几千万。虽然这其中也有因管理不善造成大量烂账的问题，但在史玉柱看来，最大的问题还是因为广告没有策划好。

事实上，大多数产品，从立项到研发，从生产制造到推向市场，营销作为后期的一个重要环节，起着非常重要的作用。尤其是一些快速消费品，营销的重要性更大。许多企业的重点产品，前期无论在功能上还是质量上都把控得非常到位，但就因为营销环节没做好，结果导致产品的销量受到了很大的影响。

策划很重要。史玉柱曾强调过做好一个产品要过三关：产品关、策划关、团队和管理关。在这三关中，史玉柱认为最重要也是最难的就是策划关。因为无论是产品关还是团队和管理关，都比较容易发现问题并及时改进，唯有策划关，即便某些细节做不到位，也不容易发现问题。而且在这三关中，如果有一个好产品，后两关都过了，但策划关没过，那这个产品肯定也会失败。市场上的好产品很多，但是销售成功的产品连10%都不到，其根本原因就在于没有过策划关。

## 创业心得

任何营销策划的成功，无不体现于细节之中。细节策划得周全到位了，消费者才能被吸引、被打动。史玉柱在电脑销售的营销策划失败之后，很快就成功策划了脑黄金的广告营销，其中的关键，就是他开始知道策划的重要性，并把大量的精力放到了策划中来。

1994年8月份，巨人脑黄金项目立项。由于这是巨人集团第一次踏入保健品行业，再加上在电脑营销的策划上吃过亏，所以史玉柱非常慎重。他花了一个多月的时间，带领一二十个人加班加点搞策划。当时，最难的是广告语，因为这个广告语要求既简单又有冲击力，所以大家几经讨论，最后才从“让一部分人先富起来”这句话中得到启示，将其改成了自己的广告语“让一亿人先聪明起来”。

这个广告语对巨人集团启动脑黄金起了很大的帮助。因为当时“让一部分人先富起来”是叫得最响的一句口号，所以“让一亿人先聪明起来”这句广告语，不但引起了争议，还非常有冲击力。当时，巨人集团的路牌、报纸、POP（“卖点广告”，形式主要是户外招牌、展板、橱窗海报、店内台牌、价目表、吊旗以及立体卡通模型等）基本上都以这个广告语为主。

在报纸广告上，史玉柱策划了一个系列，分为综合篇、儿童篇、成人篇、老年篇，然后每个系列都选一个具有冲击力的图片配上一段文案。当找不到好的图片时，史玉柱就自己拍。例如综合篇中，就是他自己拍的巨人集团的员工，穿着巨人的服装走正步的形象。成人篇中因为找不到好的图片，最后干脆让当时的广告部经理高柱来演，让他掐着脖子，眼睛瞪大，表现出非常有冲击力的神情。这样一来，好的图片加上精炼而又到位的文案，脑黄金的报纸广告阅读率非常高。

在报纸的软文上，史玉柱也下了很大的工夫，并且形成了一套规范有效的软文标准。这一点，我们将在本书的后面章节中专门提及。

接下来是“知识大奖赛”的活动。巨人集团联系了各地团委等比较有正规背景的机构一起做这类活动。活动的内容，就是出一些主要与健脑有关的科普题目。这些题目，有一半与巨人的产品无关，是比较社会性的内容，因此表面上看是社会公益活动，但实际上，里面也夹杂着关于巨人产品有关的一些题目。在当时，几乎没有公司做这类活动，所以巨人集团的这种活动还是非常有效果的。

史玉柱还策划了一个专刊，但由于专刊设计的档次比较高，诉求不是很准确，而且消费者的案例也不是很多，所以效果相对来说不是特别好。

现在来看史玉柱在脑黄金的营销上所做的策划，可以说是一套“组合拳”。所有的广告媒介，他基本上都用上了，而且每种类型的广告他基本上都策划到每一个细节。正是因为有了如此详细的策划，脑黄金在推上市场之后，销量迅速上升。后来由于新的《广告法》出台，“让一亿人先聪明起来”这个广告语被国家工商局叫停，再加上其他的一些原因，脑黄金才又出现了销售下滑的迹象。

很多人在评价史玉柱的营销手段时，认为他最厉害的是抓住了中国人的人性。其实，对于一个优秀的营销策划者来说，抓住人心，洞悉消费者的心理，正是其基本功。一个优秀的营销策划人员，最需要了解的就是社会学和心理学，然后才是营销学和经济学。

# 打动消费者，把消费者放在第一位

最好的营销老师就是消费者，如果有好的产品、好的营销，队伍过硬，就能打开市场。

史玉柱说:“我一直认为，营销学书上的那些东西都是不可信的，和他们想法相反的，倒可以试一下。营销学诞生于美国20世纪初，事实上是当时美国几大广播公司搞出来的，目的就是为了让企业投放广告。最好的营销老师就是消费者，如果有好的产品、好的营销，队伍过硬，就能打开市场。”

之所以要花费大量的精力在消费者身上，史玉柱认为:“营销是没有专家的，唯一的专家是消费者，就是你只要能打动消费者就行了。”

的确是这样的，如果在对一个产品进行营销时，没有把消费者放在第一位，那么等待厂商的将是失败。珠海巨人时期，史玉柱就是一个例子。

1996年8月16日，三年前开始销售的第一批巨人大厦的楼花到期。

那些购买了巨人大厦楼花的消费者们开始翻阅珠海巨人集团从前的宣传手册，在这本手册的上面有着这样的介绍："巨人年增长率为300%，1994年产值5亿元人民币，利润5500万元人民币，价值45亿元的巨人大厦将在1996年封顶，同时，巨人斥资5亿元启动健康、医药产业……"

这些消费者期待着自己三年前的投入会马上兑现回报。但是几乎没有人知道，给他们做出承诺的史玉柱和他领导的珠海巨人集团已经陷入严重的经济危机。他们根本没有钱去给那些楼花购买者们100%的回报，甚至连本金都已经花完了。史玉柱何等的聪明，面对危机，珠海巨人集团开始了化被动为主动的工作——加大珠海巨人集团的正面宣传。

这个时期，国内的很多媒体开始发表关于珠海巨人集团和史玉柱的报告文学和长篇通讯，还带着专访和言论，所有的这一切都在向公众展示珠海巨人集团和巨人大厦的光明前景。

在这些报道中，《巨人大厦树丰碑》一文颇具典型性，这是1996年7月发表在《珠海特区报》上的一篇报道。据说，这长篇报告文学曾经六次修改，文章气势恢宏，分为三个部分：竖起丰碑、走向地心和托起太阳。

除了这些报道之外，珠海巨人集团还主动在《珠海巨人报》头版刊登了《关于楼花兑付的通告》。通告中说，经有关部门的批准，巨人大厦的楼花将按照下述的几种方式返还，购楼者可自行选择其中任一方式。

方法一：楼花到期时，经预约，可于3个月后还预付款，之后6~12个月内分期返还契约中所约定的补偿金。

方法二：经预约，楼花到期之日9个月一次性偿还预付款和补偿金，并按契约规定的补偿率，对预付款增加支付9个月的补偿金；

方法三：经预约后，15~30天返还预付款和利息，利息按同期银行存款利率计算。

方法四：预付款和补偿金总额达到购房款的20%，或以上者，即可转为受其购房款，购楼时可享受8折优惠，其余的购房款在交楼时支付或由银行提供按揭。

只要是头脑还算理性的人就能发现这篇通告关注的只是珠海巨人集团的利益，并没有重视消费者的利益。当然，如此不重视消费者的利益，自然就会遭致消费者的攻击。

1996年12月中旬的一天下午，有几个人径直闯入了珠海巨人集团总部办公楼，他们把史玉柱和珠海巨人集团骂得狗血喷头，还大打出手。据说珠海巨人集团的保安人员也被他们打得鼻青脸肿。

三年前，这几个人来珠海做生意，由于经不住珠海巨人集团销售的巨人大厦楼花的诱惑，于是购买了一些楼花。经过三年的等待，终于等到了要兑现承诺的时候，结果却是珠海巨人集团损害了他们的利益，任何一个人遇到这种情况都应该是火冒三丈，于是“冲动就变成了行动”。

更严重的事情发生在1997年1月12日。

那天，史玉柱从上海出差回到珠海，在外面吃完饭回公司的时候，遭遇 10 余名从深圳赶来的债主登门讨债。据透露，史玉柱当时是在员工和律师的帮助下，才成功地从围追堵截的债主中“逃”出来的。

这只是珠海巨人集团没有把消费者的需求放在第一位所得到的一些小惩罚。更严重的是这些小事引起了媒体的注意，致使其发表一些不利于珠海巨人集团的报道，最终导致珠海巨人集团倒闭。

从这个角度来讲，史玉柱在珠海巨人集团的失败，我们甚至可以将其定义为是因为不重视消费者利益的失败，他是被消费者打倒的。这自然也成了为什么史玉柱后来那么重视消费者的注解。

当年珠海巨人集团做脑黄金是代销的，其结果是有 3 亿元收不回，导致现金流链断裂，珠海巨人集团顷刻间坍塌。在吸取了珠海巨人失败的教训后，为了使“应收账款问题”不会影响到自己的企业，史玉柱在做渠道时，不像一般产品销售那样急于铺货，而是采用了一种特殊的方式。史玉柱说:“脑白金在一个地区市场启动前，先打广告，让顾客到商店找上门，然后我们等着经销商带着钱来要货。”“现在我们再也不会做这种傻事了，钱不到账不发货，到现在没有一分钱应收款。”

史玉柱通常会在启动一个市场之前举行大规模的免费赠送活动。有些消费者在喝了赠送的脑白金后，觉得效果不错，还想继续服用，这样这些消费者就会去找药店。消费者找产品，经销商当然就得去找厂家。当产品销售达到一定销量时，脑白金的广告随之出台，让经销商闻风而动，主动前来要求经销该产品。这时，史玉柱为了确保应收款为零，就告诉经销商“没有现金不提货”。史玉柱的这种做法与厂家通过经销商推市场的做法刚好相反。“先把经销商放到一边，转而向终端消费者展开攻势，创造市场拉力”，这叫倒做渠道。这样做渠道肯定会造成一定的广告流失，并减缓开发市场的速度，但是能够降低可能产生巨额坏账的风险。

大规模的免费赠送还有一个好处——借此造势，展开声势浩大的新闻宣传。这样做广告要比在电视上做广告所花的钱少得多，因为这种宣传往往直接针对消费者的购买行为，对拉动终端消费者非常有利。

比如，1999 年 6 月 13 日，在上海展览中心举行的那次脑白金免费赠送活动，这次活动从开始到结束贯穿新闻宣传，活动中出现的骚乱场景，对渲染脑白金的畅销很有帮助。

下面是脑白金公开发表在媒体上的一封致歉信：

对不起！钟爱脑白金的市民，我们绝不让失误延续。

在脑白金进入上海市场的半年之际，为回报广大市民的关心和支持，我们策划和组织了 6 月 13 日“脑白金千人赠送，万人咨询”的活动。

由于低估了市民对脑白金的热忱，面对数以万计市民的现场，我们仅有的 40 余名维护秩序人员手足无措，加之烈日的蒸烤，最终导致现场失控，护栏被挤倒，保安被冲散，10 余人挤丢鞋子，用于赠送的脑白金被哄抢，甚至出现近 10 人受伤（皮外伤）的悲剧……

这是我们最为心痛和始料不及的，我们心痛那些从清晨

5：30开始排队的市民，我们心痛早晨3：00近千人井然有序的队伍，队伍中大多数人服用过脑白金，因效果显著已成为我们忠诚的朋友，原本他们都可以高高兴兴地领到一盒脑白金，感受脑白金改善睡眠与润肠通便的奇效。

心痛之余，我们仍然要感激许许多多理智的市民和闻讯赶来的静安寺公安同志，是他们及时制止了混乱，提出许多忠告和建议。在此，我们再次表示诚挚的谢意，道一声辛苦了，说声谢谢您……

事件发生之后，我们妥善登记安置了近10名受伤者，并在当天晚士致电每一位受伤市民，预约了登门慰问的时间，我们带去了一个疗程的脑白金和慰问品，这是我们的一份心意，同时，我们还要感激你们的仁义和宽厚。

为了免除钟爱脑白金市民的又一次奔波之苦，我们将拨出万余元专款，用于请快递公司将脑白金专程为您送上门，以此感谢大家对我们的信任与支持……

这种形式在哪里出现，哪里的媒体都会乐意报道，脑白金不但花较少的钱做了广告，还拉动了终端消费者。货好卖了，经销商自然也愿意现款提货。

## 创业心得

“倒做渠道”是区域代理和区域吞并相结合的产物。在居民居住比较集中的城市，通常的做法是划出一个区域，集中力量做渠道，这个区域的渠道做透后再做下一个市场。“倒做渠道”在区域市场成熟后必须选择一家符合条件的经销商作为区域代理，因为“倒做渠道”的区域内市场环境比较复杂，需要很高的成本来维持市场，还不如转给经销商，但是这并不表示厂家丧失了对零售渠道的控制能力。厂家不但没有丧失控制能力，反而抑制了经销商的反控能力，对市场始终占有主动权。

史玉柱规定：原则上小型城市选一家经销商，但经销商一定要信誉好，在当地有固定的销售网络，是该地区最有实力和影响力的人物，经销商还必须与政府方面（工商、技监、防疫站等）的关系好。

经销商负责固定地区脑白金产品的销售，不得越区域销售，避免引发同类产品恶性竞争。销售价格必须统一，且价格稳定，同时必须回款及时。

史玉柱责令：不允许个人以任何名义与经销商签订合同，否则视为欺诈行为。同时，所有办事处要把代表处的经销商合同及有关资料传回子公司审批，合同原件一定要寄回总部。

在这种特别的销售渠道下，脑白金 10 年的销售额突破 100 亿元，但坏账没有超过 10%。而在保健品行业，坏账 10%可以算是优秀企业，20%也属正常。

# 与时俱进，创业要敢于创新

在激烈的社会竞争中，一个创业者如果不能跟随时代前进的脚步，而一味地抱残守缺，那么他只能做个失败者。

创新的力量可以拯救一个企业，它关系着企业的生死存亡。如果没有创新，就没有巨人公司。可以说，巨人公司是互联网时代知识和科技不断创新发展的产物。

互联网时代的精英们创造了一个又一个神话，像比尔·盖茨、丁雷、马云、张朝阳和史玉柱等，他们都是由于创新才拥有了非凡的成就和地位。

史玉柱在网络游戏领域上的成功，就取决于创新。2003 年，在一次学术会议上，史玉柱发现网络游戏的内部相关性程序并不完全依赖人员开发，而是依靠系统的超链分析和游戏引擎，于是在2004年，史玉柱开发了具有自主知识产权的游戏引擎。2005年4月18日，史玉柱在上海金茂大厦宣布了巨人投资集团有限公司投资的新项目——网络游戏《征途》。截至2007年5月27日晚，《征途》同时在线的人数突破100万，成为全球第三款同时在线超过100万人的网络游戏。

可以说，创新就是巨人公司的生命。史玉柱特别推崇美国的硅谷精神，而硅谷精神所鼓励的就是创新。其实，创新不仅是指公司负责人的创新，还包括自下而上的创新。巨人公司80%的创新是自下而上的，只有20%是自上而下的。

从巨人公司建立以来，它的搜索游戏引擎技术就一直走在行业的前列。巨人公司一直专注于互联网技术的研发，在网络游戏相关算法、中文信息处理和网页文本挖掘等方面，敢于创新，敢于实践。而也正因如此，巨人公司才在网络游戏领域中处于领先地位。史玉柱认为，巨人公司并不是自己做起来的，而是所有员工共同努力创造的结果。在创造的过程中，每个人都充分发挥出了自己独立思考的能力，而这个过程就是不断创新的过程。

在激烈的社会竞争中，一个创业者如果不能跟随时代前进的脚步，而一味地抱残守缺，那么他只能是个失败者。不少创业者在创业之初往往喜欢盲目模仿大公司，而史玉柱认为，在创业初期不应该盲目模仿大公司的商业模式——简单的模仿往往不会令创业者取得成功。只有在创业中不断地采用新方法、新技术，不断地发明和创造，才能有所突破。然而，创新与变化对创业者来说是十分艰难的。可以说，在创新和改变的过程中，“敢为天下先”的勇气是最重要的，而史玉柱就拥有这份勇气。

史玉柱曾经说过：“创新就是创造新的价值，不是因为你要打败对手而创新，也不是为名利而创新，而是为了社会，为了客户，为了明天。真正的创新一定是基于一种使命感，其实我特别欣赏李开复，倒不是因为他做了很多企业，参加了谷歌，而是他懂得分享，把自己的经验及学到的东西跟别人分享。”

史玉柱就是基于一种使命感，基于一种与明天竞争的理念，在巨人公司的发展过程中，不断创新、不断进步。

史玉柱对中国的中小企业有着深刻的了解，这也是他当年进军保健品领域时没有照搬西方商业模式的重要原因。因此，巨人公司的创建实际上就是一种创新。当时，大量的中国保健品企业盲目照搬欧美国家的模式，而史玉柱却根据中国的国情开启了具有中国特色的保健品商务道路，并且成功创造出一种保健品的新流派。

巨人公司创建汉卡软件的时候，史玉柱曾经将其与美国的同类软件进行了一番详细的比较，其中不乏许多创新的理念。尽管当时微软的产品在全世界都很知名，但史玉柱认为，在中国微软是行不通的。

在中国，要想成功运作一种模式并不是一件简单的事情。中国的商业文化传统受交情和关系等因素的影响，存在很强的主观性。卖家在这种情况下很可能遭受一些不公正的评价，买家一旦做出了这些评价，卖家的信用体系就很难再建立。鉴于中国当时的国情和国内的消费特点，史玉柱没有照搬微软模式。

后来，史玉柱先后开发了11-6402汉卡和11-6403汉卡，他发现这个模型更加符合中国国情，它不但可以有效地提高计算机的运行速度，还能尽量减少计算机被占用的内存空间。1992年，史玉柱率100多名员工落户珠海，而巨人集团也迅速发展起来，资产规模很快接近3亿。

史玉柱之所以能取得如此令人震撼的成绩，是与他始终站在创新的角度上，进行产品研发分不开的。巨人公司从1999年创建初期那个10余人的小团队发展成现在的万人大企业，可以说创新是其持续发展的动力。

在史玉柱看来，创新不是打败对手而是与明天竞争，一个人只有永远走在别人的前面，才不会被别人甩在身后。而一个企业也是如此，只有不断地创新，打破固有的经营模式，并寻找出新的经营之道，才能永远生机勃勃。

2009年6月16日，在巨人网络总部的大会议室里，史玉柱与巨人的高管们坐在一起讨论巨人网络成立以来的一项重要改革——产权制度改革。这次改革相当于巨人网络的第二次创业，对于员工来说更是一次很难得的机遇。产权改革的提议是员工提出来的，但是史玉柱的态度却比所有人都要坚决。

无疑，这次改革又是史玉柱在管理上的一种创新。改革的具体方式是各团队根据自己的需要，设置一个新公司的注册资金，然后购买注册资金49%的股份。这样做，团队成员的激情就被点燃了。虽然这种激励机制之前在推动脑白金时也使用过，但是当时的对象是营销团队，而这次却是游戏的研发团队，改革的好处显而易见：游戏团队等于在做自己的项目，团队将会更努力地将游戏做成功，然后得到丰厚的投资回报。

在商界，企业家就应该发挥创新精神，无论是在管理上还是在产品开发上，企业只有不断尝试、突破自己，才能取得真正的进步。现代的企业家，要想带领企业为社会创造更多的财富，就必须掌握多方面的能力，而在所有的能力当中，创新居于核心地位。

史玉柱在商界闯荡了20余年，他的每一个重大决策都极具创造性，而这正是企业家个人能力的最佳体现。企业家需要做出决策，而大部分的决策，都来自于他们创造性的思维。决策有着变革现状以及开创未来的双重意义，因此决策内容往往需要具有新的目标、新的措施以及新的步骤。

在如今纷繁复杂的商业社会中，很多新情况、新问题是从前从未遇到过的，是没有现成的经验或者模式来照搬的，而且那些老套的做法也无法带领企业创造更多的利润。在这种情况下，企业家必须不断摸索，在摸索中发现创新之路，发现新规律，解决新问题，这样企业才能得以不断发展。也就是说，企业家只有具备了“敢为天下先”的创新精神，才能够与时俱进，使企业不被经济发展的潮流所淘汰。

成功有时就隐藏在众人的质疑之中。在最灰暗的日子里，史玉柱被要债的人逼急时，他就甩出一句话：“我所欠的每一分钱，都会还给你们，而且还包括利息。”而这句话在当时却是句经典的笑话。估计当初笑话史玉柱的人都没有想到之前“四处逃亡”的破产者，如今却打造出了国内最具实力的网游公司。他不仅兑现承诺还清了所有债务，还成了中国企业家绝地重生的榜样。关于他的经历，每个人都有自己的解读，有人说他是“邪派高手”，也有人说他是“赌王”。事实上，史玉柱只不过是在人们的质疑声中坚持用挑战传统的方式演绎着自己的商海生涯，他用充满智慧的头脑为自己开创了一片新的天地。

从创业开始，到巨人倒下，再到复出并高调推出巨人网络，争论与质疑一直伴随着他，即使在今天也不例外。为什么会这样？因为人们不相信、看不懂他所做的事——他的行为总是让人出乎意料，摸不着门道。

2006年，中央电视台的一条广告冲入了亿万观众的眼睛：一位长发少女突然对着笔记本电脑发笑，紧接着是一声模仿京剧的怪叫，最后手掌式拉出“征途网络”四个字。这段广告仅在新闻联播与天气预报之间就重复了三次，并连续播放了一个月。这是国家广电总局禁播网络游戏广告以来，国内网游运营商第一次以宣传企业形象的广告方式登陆央视。这条广告引起业内一片哗然，而史玉柱的目的也达到了。无疑，这就是一种创新。

在《征途》成为世界第三款同时在线人数超过百万的网络游戏后，史玉柱又接着推出第二款游戏——《巨人》。史玉柱表示，要将《巨人》打造成一款美女玩家最多、装备最便宜的游戏。在前期宣传中，史玉柱还表示，只要确认对方是一名美女玩家，就会赠送6000元充值卡。其实从《征途》开始，巨人网络这种为玩家“发钱”的行为就盛行起来，而且很快被其他网游商所模仿。有人评价道：“你不得不佩服当所有人都在收费的时候，他搞免费。现在所有人都学他免费，他又开始收费了。”这就是史玉柱，他总是做着与众不同的事情。

2004年之前，几乎所有网络游戏都是以收费模式运作的，游戏主要根据客户登录的时间收取点卡费，盛大网络的《传奇》也是这样运作的。然而在2005年年底，盛大却突然宣布《传奇Ⅱ》免费。表面上看，这是盛大拉开了网游的免费局面，事实上，盛大这个行动是被迫的。盛大提前获知了还处在测试阶段的《征途》将取消收费模式，仅以销售装备、道具获利。所以说，史玉柱才是免费游戏的开创者。

如今，史玉柱为何又开始收费了呢？其实这是他给游戏分级的做法。这样做可以将游戏分成不同消费层次的产品，从而大小通吃，这显然是他的高明之处。从进入网络游戏之初，史玉柱就始终坚持用创新来增强企业的核心竞争力，他没有像盛大那样以代理韩国游戏的模式为主，而是学习网易创始人丁磊那样走自主研发之路。

史玉柱的出其不意，以及骨子里的“叛逆”虽然给他带来了络绎不绝的质疑声，但却让他打造出了新的天地。他的这种行为，与其说是“叛逆”、“赌”，不如说是一种“敢为天下先”的创新精神。任何一个人都不可能保证百分之百创业成功，任何一种行为也都存在不确定的成分，如果创业者过于在乎旁人的质疑，不敢做出自己的决定，就无法脱颖而出，创造出成功的奇迹。

## 创业心得

史玉柱在确定要投资网游的时候，就在商业计划书中将“创新”摆在了第一位。因而，在巨人集团，史玉柱要求员工必须具有创新精神。虽然在网游行业，史玉柱是后来者，但是他却凭借创新精神赶上了盛大与网易。

《征途》游戏中就涉及了很多创新性的内容，它一改传统游戏的“打怪升级”，而是通过知识去升级，其中涵盖数理化、英语、生物等方面的内容。但史玉柱也表示，不能创新的就不要创新，创新必须要实事求是。对于自己在网游行业的后来者居上，史玉柱总结为“打破陈规，不断创新”。他的做事特点就是“不按常规出牌，按照自己的方式去做”。这或许也是他在经历失败后去攀登珠峰经历生死劫之后的觉悟。从那之后，他觉得自己捡了一条命回来，就放得很开，彻底摆脱了自己在管理、营销上的束缚，将过去的所有条条框框都打破了。他表示，自己对于行业常规从来就不理会，但他并不是蔑视规则，而是不断地创造规则。史玉柱曾经表示，《征途》的成功就是创新的结果，但也有相关人士认为《征途》是网游的“搅局者”，因为它没有按照行规来。不过，史玉柱却不在乎这些，在他看来，只要客户玩得开心，自己的方式也合法合理，就是成功的。

史玉柱认为，网游行业虽然发展迅速，但是因为行业年轻，也会陷入“心态浮躁却又因循守旧”的地步。所以，市场上每出现一款盛行的游戏，巨人网络都会对其进行深度的研究，研究它们的优势与缺陷，然后开创出新的东西。史玉柱表示，其游戏团队的研发人员多数来自于其他网游公司，因此他要求团队成员在遵守法律法规的情况下，必须从思想上摆脱行规的束缚。

除了产品上的创新，在营销、管理等方面，史玉柱也坚持以创新理念为核心力量。在产品营销中，史玉柱直接将利润点对准了人们游戏的兴奋点，实行进门不收费的模式，将盈利环节转到了游戏人物的装备道具上——你想要厉害的武器吗？要，就请付费；你想要这件衣服吗？要，就请付费。这种引导欲望的收费模式不得不说是一种商业模式的创新。史玉柱放弃一线市场，而主攻二三线市场的游戏爱好者，避免刚开始就与盛大、网易这些强大的竞争对手交锋，也是一种战略上的创新。显然，史玉柱的这种策略降低了进军网游的风险，而这就是创新的力量。

其实在创业的道路上，成功有很多方式，只要你用“创新”的眼睛就能发觉。创业者要学会培养自己的创新意识。创新要求人们独立思考、不人云亦云，但也并不是固执己见、孤芳自赏；创新精神提倡人们不迷信权威，大胆质疑，以全面、辩证的观点来看待事物。当人们学会如何创新时，便真正拥有了财富。

# 广告要让人记住，能记住的广告最好

做广告，就是在走钢丝。与其在走的时候停停留留、犹犹豫豫，倒不如鼓足勇气一走到底。

脑白金从一个默默无闻的商标，变成一个全国知名的品牌，广告无疑起了巨大作用。这一次，史玉柱的广告操作手法越来越成熟。众所周知，脑白金的启动资金只有50万元，这还是史玉柱找一个朋友借的。拿到钱后，史玉柱做的第一件事就是拿出5万元补发员工工资。接下来，剩下的45万元该怎么用呢？史玉柱把这45万元分成了3份，每份15万元，第一份用于脑白金的生产，当然这是必须的，巧妇也难为无米之炊；第二份做预备资金；第三份被史玉柱全部砸向了江阴，并且全部用到了制作小广告和发布新闻报道上去了。

那时候，工作人员做了几百个广告创意，但史玉柱依然没挑出一个满意的，最终还是沿用了脑黄金旺季时使用的广告词：“今年过节不收礼，收礼只收脑黄金！”

脑白金的电视广告，初期基本是两个版本，第一种是大山版，第二种是老头老太版。两者打的广告词都是一样的，但蕴涵的意义或表现手法各有偏重。大山版广告的主人公是著名相声演员姜昆和大山两师徒，既带有“洋味”，又借用了名人效应，这可以大大提升脑白金的知名度和美誉度。

从沟通效果来看，大山版广告令人敬而远之，对推动产品销售作用并不大。老头老太版则完全在传播一个送礼概念，广告的表现土得掉渣，两人的肢体语言也毫无美感，刚问世就“得罪”了广告界，更引来无数叫骂，但却比大山版更能给人留下深刻的印象，更能表现“家”的氛围，更加符合中国人喜欢送礼的文化，更加吻合本土的需求，广告一投放市场，销量立刻迅速提升，其商业价值的确很高。

史玉柱自己也说：“不管（观众）喜不喜欢这个广告，你首先要做到的是要给人留下印象。广告要让人记住，能记住的广告最好。观众看电视时很讨厌这个广告，但买的时候却不见得，消费者站在柜台前面对着那么多的保健品，他们的选择基本上是下意识的，就是那些他们印象深刻的。”

正因为老头老太版广告效果明显，适用范围广，所以从 2002 年起，脑白金坚定了这种单一的广告传播形式，本质不变，形式稍作改变。于是，人们在6年内看到了多种版本的卡通老人广告，如群舞篇、超市篇、孝敬篇、牛仔篇、草裙舞篇及踢踏舞篇，而广告词却是高度的一致，不是“孝敬爸妈脑白金”就是“今年过节不收礼，收礼还收脑白金”。

2001年，脑白金尚在热销时，史玉柱又开始悄悄推广黄金搭档。第一轮试销集中在5个城市——漳州、襄樊、吉林、威海、绵阳。史玉柱为它准备的广告词几乎和脑白金的一样俗气：“黄金搭档送长辈，腰好腿好精神好；黄金搭档送女士，细腻红润有光泽；黄金搭档送孩子个子长高学习好；服用黄金搭档确实有效；补足钙铁锌硒维生素。”在史玉柱纯熟的广告策略和成熟的通路推动下，黄金搭档很快便走红全国市场。

本来人们都在骂脑白金的广告恶俗，并为它戴上了“十差广告之首”的帽子，现在黄金搭档上来了，又被戴上了“十差广告第二名”的帽子。对这一点，史玉柱自我解嘲道：“我们每年都蝉联十差广告之首，十差广告第一的是脑白金，黄金搭档广告问世后，第二的是‘黄金搭档’，但是你注意十佳广告是一年换一茬，十差广告（却）是年年都不换。”

即便是这样，也没有阻止这两个产品成为保健品市场上的常青树，其销售业绩就是证明。2007年上半年，脑白金的销售额比2006年同期增长了160%，对于连续几年来的“十差广告”，史玉柱没有感到可耻，反而感到荣幸，他笑称：“脑白金连续七八年每年都（被）评为中国十差广告，每次一评之后我就踏实一点儿，如果没被评上，（反而）说明可能有问题。”

史玉柱曾经说：“中央电视台的很多广告，漂亮得让人记不住，我做广告的一个原则就是要让观众记得住。”

我们不能否认这样一个事实，我们往往记住了一个广告很漂亮，但往往不记得这个广告是卖什么的，脑白金的广告可以说俗不可耐，但直入人心。那些认为自己的广告很有艺术美的广告艺术家们，是不是忽略了最基本的商业法则呢？

有记者问史玉柱说：“大家看到在电视上铺天盖地的广告，都有这句话——‘收礼只收脑白金’，有些人甚至说天天看觉得烦死了，我不知道你有没有听到过这样的说法？”

史玉柱丝毫不伪装地说，他也听到了这种说法，一方面表示要对有这种感觉的人道歉，但另一方面也说：“从企业的利益考虑，这个广告还是要做。”

史玉柱还说：“脑白金的市场主要有两大块，一是功效市场，这个市场比较稳定，一年大概有 5 亿左右的销售额；二是送礼市场，送礼市场的波动性非常大，这就需要一些策略。广告的最大目的是让人印象深刻，我们曾经也拍了很多很漂亮的广告，但是播出后没效果，后来就不播了。脑白金历史上效果最好的广告是刚开始时拍的，当时钱非常少，所以拍出来的广告质量非常差，很难看，只能在县级台或市级台播，省一级的电视台都不让播。但是很奇怪，这个广告播出后没几天，脑白金的销售量就上去了，后来我们研究后得出的结论是：观众因为讨厌才印象深刻，脑白金真正打开市场和这个广告密不可分。”

“实际上我们决定用哪个广告，美不美，没有作为标准。消费者对哪个广告印象深刻，印象深刻他才能记住你的产品，印象深刻才是我衡量指标的一个标准，后来发现这样的话反感的人越来越多了，我们才增加了一个指标，就是印象深刻的同时再增加美感，但美感也不能增加过度，有时候增加过度了销售额又会下降。”

## 创业心得

如果说脑白金在全面上市之前，史玉柱用了一年多的时间来进行试销工作，是受到了当时资金压力的影响，那么2002年推出黄金搭档的时候，为什么也要花差不多一年的时间来试销呢？原因就是，史玉柱要在这样的试销过程中，不断对产品、传播等进行调整和优化，最终确定有史玉柱特色的保健品运营模式，这重要的一点就是坚持广告轰炸。

史玉柱说：“做不到第一就不能真正获得成功。很多人对脑白金的广告轰炸不屑一顾，只有真正对脑白金有研究的人才知道脑白金为什么要那么做。对于脑白金这样的品牌，如果不能保持第一的位置，它就会迅速衰退。也许广告轰炸的代价很大，但是不那么做，代价也许会更大。”

对保健品来说，广告和金钱是一样的，尽管不是万能的，但离开了广告则是万万不能的。史玉柱说：“做广告，就是在走钢丝。与其在走的时候停停留留、犹犹豫豫，不如鼓足勇气一走到底。”

对于这个观点，史玉柱的解释是：“实际上，广告投入到一定时候，它才有一个飞跃，前面都是量的积累过程，销量的增长不会太大，可一旦突破一个临界点的时候，(产品）销量就会突飞猛进地增长。有很多做保健品的公司（也包括其他行业），投广告的时候蜻蜓点水，实际上风险最大，是在浪费钱。”

对脑白金广告投放的具体金额，一直是个商业秘密，让传媒猜测不已。2000年脑白金的销量突破10亿元，史玉柱称广告只投放了1亿多元。但是，根据业内人士的推测，2000年在全国销售10多亿元的“脑白金”，用于巩固市场的广告投入至少占销售额的30%。

2001年，电视广告大户已被保健品市场夺得是不争的事实。据央视调查咨询中心公布的2001年9月至10月在北京、上海、广州、成都4个城市48个频道保健品电视广告投放监测结果显示，在这两个月内，电视保健品广告有近3亿元（按电视广告标价计算）的收入，其中前五位品牌的电视广告投入均超过1000万元。

值得注意的是，在营销脑白金时，史玉柱继续沿用了过去的广告轰炸策略，在北京、上海、广州和成都4个城市的保健品市场大放异彩。据相关调查显示，脑白金在这两个月的电视广告投入达3483万元，占所有保健品电视广告投放量的11.36%，遥遥领先于其他品牌。

尽管史玉柱认为坚持广告轰炸对产品的销量有很大帮助，但同时史玉柱也表示，盲目的广告投入不一定能达到想要的效果，史玉柱说:“这里面有广告策略的问题，很多企业，包括深圳也有一些，一年的广告投放量都超过1个亿，但市场回报远远不到这个数。”

史玉柱每一次的广告策略都取得了成功，除了白手起家的那一次是“赌博”外，其后的几次都是精心策划的结果。喜欢研究毛泽东的史玉柱，把营销当成一场战役，采用脉冲式的广告投放策略。比如脑白金，每年的春节和中秋是广告投放高潮，中秋前10天，春节前20天，在这30天里，脑白金不惜血本，广告密集轰炸。

据统计，春节高峰期脑白金广告在20多家电视台同时播出，平均每台每天要播出两分多钟，加起来一天大概播出40多分钟。而从2月一直到9月初的广告量很小，所以广告费用分摊到全年并不高。在这样一种广告策略下，脑白金每年春节期间的销售量就占全年的50%~70%。

户外广告也成为脑白金中后期新增加的媒体亮点。史玉柱要求，户外广告主要根据各个区域市场的特点，有选择地开展，如墙面广告、车贴、车身与横幅，而且户外横幅求多不求精，目的是为了营造脑白金氛围。史玉桂就是这样以低廉的投入、无孔不入的方式使脑白金的广告向消费者强力渗透，完成产品的大规模铺市工作。

# 品牌就是力量，好品牌最能打动消费者

品牌是需要时间积累的，不能靠一个月、两个月的“狂轰滥炸”就想取得多大成效。

如何为品牌取名呢？史玉柱给了我们答案。那就是要为品牌取一个易听易记的名字，在《赢在中国》节目中，史玉柱对某位参赛者点评时，他说:“品牌的名字，一定要朗朗上口，听一遍就记得住。人的记忆主要靠视觉和听觉。相对来说，听觉上的记忆要远远大于视觉上的记忆。你现在这个品牌有瓢虫形象，适合视觉记忆，听觉上还差点。现在不少中国人喜欢外国品牌，你用英文名字没问题。但你一定要有一个很容易被人记住的中文名字，名字越简单越好，越日常越好。不要用那些记不住的东西。”

现在大家都知道脑白金的主要成分是褪黑素和低聚糖，脑白金就其技术含量来说，不是很高。但就是这样一种产品，就因为史玉柱在运作它的时候，为它取了一个响当当、易听易记的名字——脑白金，结果成为了保健品的金字招牌。“脑白金”这个易听易记的名字为后来的贩卖概念带来了很大的方便，也让这个产品在营销操作上多了很多空间，如果当初史玉柱推出的是“年轻态松果体素（或美乐通宁）”，也许史玉柱拿1亿多元来还债的日子就不会来得这么早了。

那么脑白金这个名字是怎么来的呢？

脑白金的命名与珠海巨人时代的脑黄金有很大的渊源。脑黄金是珠海巨人时代史玉柱运作比较成功的一个保健产品。显然，脑黄金是个非常不错的名字，这三个字不仅准确地传达了产品的功能和高品位的价值取向，而且文字简洁，非常易于记忆和传播，还能给消费者带来无限的遐想，健脑产品像黄金那样贵。

后来，史玉柱的同学袁彬（留美生化博士）给他推荐了在美国卖得异常红火的Melatonin（美乐通宁）产品后，史玉柱对市场进行了调查，发现同类经卫生部批准的“卫食健字”和“卫进食健字”的褪黑素产品，除脑白金外，还有80多种，如松果体素、美乐健、康麦斯美宁等，如何与它们区别开来呢？史玉柱开始琢磨该给产品取什么名字。

“Melatonin”按照意译翻译成中文就是“褪黑激素”，按照音译翻译成中文就是“美乐通宁”。但是不管是把这个产品叫成“褪黑激素”，还是“美乐通宁”，都不能把自己的产品同同类产品区别开来，对市场推广来说也没有很大的帮助，想把有这样一个名字的产品变成流行的大众保健食品也是非常困难的。

在冥思苦想之后，史玉柱突然想到了原来做的脑黄金，于是“一字之改”便成就了“脑白金”这个名字。而这三个字也和“美乐通宁”的读音有些相近。更重要的是，褪黑激素是由大脑中的松果体分泌的，与大脑有关，而脑白金和脑黄金一样能给人产生无穷的遐想。

另外，把产品命名成“脑白金”还抓住了普通市民都知道的事实——白金是一种贵金属，比黄金还要贵，用在产品上比脑黄金更多了些高雅之气，所以“脑白金”通俗易懂，易于记忆，利于传播。

再者，“脑白金”在市场的吸引力，要远远大于“褪黑激素”等过于专业或缺乏想像力的名字。济南亚细亚药业有限公司状告珠海康奇就是个很好的证明。该公司的总经理助理陈强说：“康奇公司利用外文音译给中国人造成概念上的混淆，以‘偷换概念’的方式让中国消费者误以为人体中有‘脑白金体’，它能分泌‘脑白金’，康奇公司生产的是脑白金，而其他公司生产的只是褪黑素而已。”脑白金在市场上的吸引力可见一斑了。有了“脑白金”这张名片，史玉柱就能顺利地敲开中国保健市场的大门。

## 创业心得

史玉柱说：“国外500强的公司，他们一般都有一个15年至20年的品牌规划。中国企业创建品牌常有的一个毛病：今年一个策略，明年定个策略，后年又换一个策略，费钱费力，还没落好。品牌建设要有个长期规划，一定不能老变。比方说脑白金，10年了我就用那一个广告语，但你现在看看，脑白金去年在成长，今年还在成长，而我原来的竞争对手基本上都撤离了。所以不能老变，品牌是需要时间积累的，不能靠一个月、两个月的迅猛宣传就想取得多大成效。另外品牌宣传善变是最费钱的，因为不一致，前面的宣传就容易打水漂。”

品牌要有长期规划，换句话说就是企业的发展要有跑马拉松的耐力及准备，按部就班，不可存有抢短线的投机做法。

史玉柱说：“我们一些创业者包括本人在内，容易犯好高鹜远的错误，包括我创业初期，第一二年的利润和市场相当高，达到数百万，我当时就认为第二年个人资产很快就要突破千万，企业很快就会发展壮大，于是采取扩展政策，上了一个新项目，该项目市场分析等都没有问题，但是后来合作者的条件变化，加上市场人员失控，该项目让我损失上百万，这百万现金流的损失影响到公司的初期快速发展。此外，竞争者增加，虽然我们保住了市场，竞争对手以退出该区域市场告终，但是竞争成本的增加，吃掉了我的大部分利润，剩下的是一片红海，我的财富和公司自然没有如期增长。

这让我感觉到，做企业其实就像走路，一步一个脚印，如果走路都不稳就想跑，必然不符合事物发展的规律，是会摔交的。做企业更像是在爬阶梯，一步一个阶梯，如果想一步跨越几个阶梯，有时候跨的不切实际，就会摔倒的。”

史玉柱认为，在做长期规划时，企业文化要考虑进去。他说：“企业规模越大，企业文化起的作用也就越大。”对企业文化史玉柱要求简单易懂、实实在在，而且企业文化提炼好后，要经常在员工大会上给大家阐释。这样能够让大家持续地了解企业文化和领导者的观点。

## 没有人才做保障，竞争不可能胜利

只有一流人才才能造就一流的企业，竞争归根结底是人才的竞争。

一个企业生存和发展的根本保证，归根到底就是一条：拥有大批优秀人才。史玉柱认为，只有一流人才才能造就一流的企业，竞争归根结底是人才的竞争，其中包括找人、培养人、用人。目前中国网络游戏产业中市场人才好找，但是研发人才难找，策划人才更难寻。史玉柱称，他甚至让人力资源部用允诺千万年薪寻找策划人才，但几年都没找到，让史玉柱感到非常头痛。对于市场人才，史玉柱认为难在管理，“以前脑白金有9000人的营销团队，管理得都很好”，但现在网游的市场人员管理难度很大，这个行业的市场人员向“钱”看得更明显。

不过史玉柱认为，尽管缺乏研发人才，但市场营销类人才并不缺乏，营销人才的困难出现在培养和管理上。史玉柱认为，网络游戏的多数员工“向钱看”的心态会给企业在人才的管理、培养方面带来很大的困扰。但是如今史玉柱的家底迅速变得雄厚，新产品越来越成熟，业务量逐步增加，必须保证充足的人来维持企业的运转，所以巨人集团势必会加入人才争夺战中。

目前史玉柱的人才竞争主要有三方面优势：第一是品牌优势。现在巨人是同行业中最大的企业了，而且是唯一在纽交所上市的中国企业，有相当的光环效应。第二是待遇优势。财大气粗是现在人们对巨人的第一印象，外界一直盛传史玉柱对员工非常大方，有贡献就会重奖，巨人上市就一次性缔造了21名亿万富翁和186名千万、百万富翁，这些人都是追随史玉柱的有功之臣。公司高管袁辉还透露：“仍有部分期权保留，会奖励给对公司有贡献的员工。”这都形成了相当大的诱惑力。第三是平台优势。巨人虽然业绩显著，但目前正式运营的只有《征途》一款游戏，新的项目和产品孕育着无数的机会，为人才提供了很好的平台，对于希望实现个人价值的人才有更巨大的吸引力。

## 创业心得

史玉柱希望能吸引到尖端的人才。2007年年底，史玉柱放出豪言：“一个好的游戏策划人才，值千万年薪。”在巨人上市之前，巨人就已派出专门的招聘团队巡回全国科技类高校争夺人才，现在，巨人会继续加大人才争夺的力度，不可避免地与竞争对手正面交锋，各大公司实力、策略、财力的角逐会是一场蔚为壮观的大战。史玉柱认为，如果每个员工都努力追求优秀，企业又何愁不能发展壮大呢？如果企业发展壮大了，员工又何愁得不到更好的发展呢？在以人为本的今天，正是许多优秀员工推动了企业的发展，而这些优秀的企业也同时造就了大批优秀的员工。优秀会让个人受益，同时也会让企业受益。这就是企业必须以人为本培育优秀人才的客观理由。

在崇尚人本管理的今天，“企无人则止”的理念已经深植于人心。企业终归是人的企业，而人也最终要靠企业的发展来实现个人的价值。从这个意义上说，人即企业，企业即人。企业从初创到壮大到辉煌，离不开优秀人才的推动作用。

企业的发展一靠人才，二靠管理。没有人才的保障，企业就会成为无本之木，无源之水。精明的史玉柱，不仅看重自身管理技能的培养，更深谙汇聚人才之道。因为史玉柱明白，面对市场上的激烈竞争，一个企业要想不被淘汰出局，就要不断努力让自己更加优秀，以人为本培育优秀的人才。

# 人才之重，当属企业经营之本

一个企业的成功绝对不是一个人坚持的结果，而是一个团队坚持的结果，那么，如何在最困难的时候让你的团队不离不弃？当你的企业不能给员工足够的物质利益时，你所能够让员工信赖的就是你的内心真诚和你的坚定理想。

史玉柱认为，留住员工非常重要的一点就是，首先考虑其利益，然后才是社会价值。中国企业界裁员减薪潮涌，史玉柱旗下巨人网络公司却逆势加薪。当时，巨人网络董事长史玉柱宣布启动加薪计划，全体员工平均加薪幅度14%，最高加薪幅度30%，且加薪继续向研发部门倾斜。这再一次验证了史玉柱先前推崇的“挽留人才，给高工资才是王道”的名言。

据著名人力资源顾问公司德勤评估，通过此次加薪，巨人网络员工平均收入水平位于行业高端，其中研究人员薪酬处于行业最高水平之列。巨人网络公关部对此表示，此次加薪继续向研发部门倾斜，体现了巨人网络“加大研发投入，厚待研发团队”的一贯策略。2008年以来，巨人网络研发费用增幅巨大。2008年三季度财报显示，巨人网络研发开支6330万元人民币，比2007年同期增长360%；2008年前三季度，研发费用环比增长超过60%。

截至2008年底，该公司已拥有超过千人的研发队伍。该公司在研发基础建设方面频频出手，先后与国内领先的电信网络解决方案供应商华为联合成立实验室，独立建立西南研发中心攻关3D引擎技术，组建研究院开展网游基础技术研发，成立策划研究院开展网游策划研究等。目前，该公司自主研发的服务器引擎、3D引擎等技术。

伴随知识经济和全球化的不断发展，员工问题对于企业来说将变得越来越重要。在全球化市场竞争中，企业之间的角逐实际上演化成为智力的竞争，也就是员工的竞争。谁真正地拥有了能力非凡的员工，谁最终就会在这场看不见硝烟的经济战争中占有主动性。那么企业该拿什么来留住员工呢？为此，有的企业家绞尽脑汁，采取种种手段，一方面以高额的工资待遇、股票、房子等作为筹码，全力挽留员工。与此同时，又制定了种种相对应的措施，例如要求员工必须与企业签订长期合同，并且给他们套上了巨额违约金的枷锁，同时再许诺员工一些空头支票，企图用一手硬、一手软的方式拉拢与诱惑员工。企业这样做的结果到头来都常常事与愿违。

员工为什么选择离开呢？其实他们离去也不是没有理由的。一般来说，员工经历了企业的某个阶段，当企业发展与个人发展出现冲突时，或是失去了个人成长发展的空间。枯燥乏味的工作使员工丧失了工作激情，对于企业未来发展前景也没有了信心，对于企业的文化缺少了当初的认同，于是就产生了一种迷茫的感觉，失去了奋斗的原动力。此时，他们便认为这个企业再也没有什么可以让他们留下来的理由，就义无反顾地离开了。当面对这样的残局时，很多企业领导者从内心深处发出无可奈何的感叹：“我心本是向明月，奈何明月照沟渠。”面临越来越激烈的员工竞争，到底拿什么才能留住自己的员工，这一直困扰着企业领导者，难道真的就没有解决办法吗？要从根本上解决这个问题，就必须收拢住员工的心。而要想留住员工的心，就必须了解员工的种种需求。

企业之间的竞争归根结底都是人才的竞争，在当今社会这种竞争日益突出，企业不得不面对的现实问题就是人才的流失，那么我们应该如何留住企业的人才呢？

**1. 首先解决人的问题——把资源用在刀刃上**

许多公司的老板以及高级管理人员对人力资源管理科学知之甚少，总以为那是职能部门的事情，不知道人力资源管理与自己的工作职责的关系，不懂得管理的本质就是“带领大家一起去做好自己想做的事情”。事实上，人力资源管理是企业管理者们的共同职责，好的老板一定是好的人事经理。

很多老板宁可花费成百上千万的资源去购买设备，也不愿意为企业内部人才的成长提供必要的资源。而实际上，同样的资源投入，如果用于招聘、培养人才的话，投资回报率至少高于20倍以上。所以对于成长期公司老板来说，应该做好三件事情：第一，学习和了解现代人力资源方面的知识，树立正确的用人观念；第二，重视人力资源在成长期过程中的作用；第三，建立基础机制，在人才的招聘、培养和使用上投入适当的资源。

**2. 从人治到法治——制定游戏规则**

经常听到有人大谈“以人为本”、“人性化管理”，以至于产生很多误解。有人把“人治化管理”当成人性化管理，忽视专业化分工，缺乏职能定位，没有指挥与授权观念，老板或主管可以到处指手划脚，随便指挥。各种协调文件或工作指令没有留下应有的书面化记录，出了问题不知道找谁解决，也没人肯负责。导致公司内部效率低下、管理混乱、士气低落。

真正的人性化管理是什么？人性化管理就是在科学的管理制度下形成的经营机制，保证企业的顺利发展和不断成长，从而维护大多数员工而非某些特殊人员的利益。在此过程中，员工也可以获得职业生涯方面的规划，得到职业理念、职业意识、职业道德、职业技能的培养，提升从业技能以及职业心态，并进一步享受完美的人生。

当然，在制定制度的时候一定要避免通篇“罚、罚、罚”，因为制度本身是告诉员工，哪些该做，哪些不该做，而不仅仅是告诉他们做了以后有什么下场。因此，创业者须遵守以下三条建。议第一，建立一套适用的管理制度，不用急着考虑完不完善；先解决有没有的问题，再解决好不好的问题。有了这套基础管理制度，创业者将在处理很多问题的时候避开个人情绪的影响。第二，培训、管理制度的督导执行；第三，及时评估考核，并适当激励。

**3. 激励——建立公平、公正，具公信力和吸引力的激励制度**

制度的贯彻执行除了持续的培训和督导之外，激励是重要的维系因素。没有激情的团队，必将导致平庸的业绩和浮躁的人心。

说到激励不禁又要说到钱，处于成长期的公司钱少是现实，那么，拿什么来激励?

其实，员工激励是多角度、多元化的，不一定每次激励都要花钱，但一定要花心思。除了金钱之外，我们其实还有很多激励手段可以使用：

(1) 事业激励。在考虑有效的实施激励机制时，如果通过反复灌输，使得员工认可企业所从事的事业，感受到企业从事的事业能够提供给他很强烈的实现社会使命的责任感，可以拥有足够的空间来施展抱负，就能够激励员工满怀热情地投入到企业建设中去。

(2) 现实和期望激励并重。处于成长期的公司现实和期望两个方面的激励缺一不可。例如，让员工拥有企业的股份就是一种很好的方式。这样可以真正把企业利益与员工自身利益连在一起。这也是现代企业制度的产权制度的改革内容。员工是企业真正的主人，通过拥有股份形式参加企业管理。另外如现在在高科技公司里非常流行的一个概念

“期权”。期权的持有人（员工、管理层人员）有权利在未来一段时间内（或未来某一特定日期），以一定价格向对方（公司）购买或出售一定的股票或债券。这对于吸引人才、激励员工非常有效。

（3）感情激励。事业、物质的激励是有效的，但还不够，还要感情激励。由于成长期公司的工作相对来说往往难度大，不可预测性强，因此，创造温馨的企业人际氛围和良好的工作、生产、生活环境，增强公司的凝聚力和吸引力，也是重要的激励手段。

（4）因人而异。对员工的激励不能千篇一律，应针对不同类型的员工采取不同的激励措施，以达到激励职工的目的。

（5）因时而异。企业的发展进入了不同的阶段，工作的重心自然会发生转移。因此，企业的激励机制也要随之做相应的调整，通过最合适的激励手段来激励员工发挥能量，共同完成下一步的组织目标。

老板所要做的三件事是：第一，认清激励的本质，辨析各种激励手段的效用、使用方法以及使用场合；第二，切忌奖惩的随意性，不能让激励性质的奖惩失衡，更不要让激励变成“人手一份、人人都有”的福利；第三，尽可能做到一视同仁，一碗水端平，以公正、公平的态度来维护激励制度的公信力，使之能够发挥其应有的激励效果。

**4. 精神物质双管齐下——光“画大饼”是不够的**

员工把老板空口许诺、动辄畅谈美好远景叫做“画大饼”。如何避免“画大饼”，需要在以下三个方面注意：

第一，仔细考量公司的资源状况，能付出多少，回报是多少；宁可把丑话说到前面，也不要失去老板在员工心里的威信，老板更不能为了取悦员工拿自己的信用开玩笑。

第二，对于绝大多数员工来说，光“画大饼”是不够的，他们需要实实在在的物质报酬来维护基本的生活需求。老板可以不拿钱也干活，因为公司是你的。作为员工，凭什么要无私奉献，去冒失去现实物质收益的风险呢？

第三，光要物质也不行，适时展望公司的美好前景，给所有的员工描绘出未来的蓝图，能够起到物质激励所无法替代的作用，特别是能够激起员工们旺盛的斗志。

**5. 机制是第一生产力——谈钱太俗，谈文化太虚**

对于真正有才能的人来讲，你光和他谈报酬，他可能认为你这个老板唯利是图，没有做大事的能力；如果光和他谈文化“画大饼”，他又可能认为你净玩虚的，做人做事不实在。为此，建立一套科学的用人机制，严格来说，是建立一套以工作分析、工作评价为核心的规范的人力资源管理制度，是十分必要的。

在风云变幻的市场竞争中，公司今天赚钱并不难，难的是明天、后天继续赚钱。因此，公司要获得可持续发展，还得做好三件事——清晰界定人力资源部门在公司发展过程中的战略意义，不要把这个部门变成一个打杂的后勤部门。

首先，必须重视人才的作用，使人力资源管理由公司部门职能转变为企业的一种机制。

其次，随着公司的发展，应该逐步淡化老板在管理上的强势作用，引导员工自己解决问题，充分发挥团队的力量。

很多时候，公司人才外流不只是待遇问题，更是为了自身价值的实现。因此，加强对公司人力资源管理问题的研究，实现人力资源开发和管理的规范化、科学化、制度化，是企业赢得生存空间的必经之路，更是为处于成长期的公司赢得市场空间的不二法门。

## 创业心得

很多企业都把如何留住人才作为公司的头等大事，诚然，留住人才已经成为很多公司降低成本、提高效率、提升业绩的最关键原因之一。培养一个新员工不仅要花费时间、精力，还需要支付工资，最关键的是一个业务成熟的员工好不容易可以上岗，得心应手地工作时，一个不小心被其他猎头公司挖去或自行提出离职。所以人才之重，当属企业经营之本。

史玉柱说，自己阻止人员流失的办法主要是做思想工作，一般谈三个方面问题：

其一，对公司前景是否认同。公司前景是指公司领导层的发展方向，多数企业人才流失都是因为自己看不到工作的方向或者感觉公司的前景不够明朗，所以才选择离开。当一个公司可以把员工的激情与奋斗目标与公司的理念相结合，那就非常成功。比如马云曾说过："你不是在为阿里巴巴打工，而是为了完成自己的心愿。"能让一个普通的员工也有公司的使命感，这是一件非常重要也非常有成就感的事。所以请首先询问你的员工对公司的前景是否认同，或者有什么其他想法。

其二，对个人空间是否满意。有志向的员工都会有自己的想法，如果一个立志当将军的兵而我们却把他一直安排在一个非常低下的岗位，那就有可能出现人才流失的情况。韩信就是一个非常好的例子，当初萧何向刘邦举荐韩信后，但刘邦却只是给了韩信一个看粮仓的小官。于是韩信一气之下便选择离开，后来因为“萧何月下追韩信”，才让韩信重返刘营并为刘邦打下江山。现代的企业管理也是一样，我们要询问员工对自己的空间是否满意，并仔细考察员工是否有志向，若有想法又能结合行动，就应当委以重任，人才自然不会流失。

其三，个人收入是不是有争论。工作除了提升能力、实现自我价值外，就是为了能够养活自己，养活妻儿老小。多数情况下，离职的员工都是感觉自己的付出和得到不成正比，所以才下定决心离职。当然这部分中，也有一些是并没有什么能力只是自以为是的人，但千万不要把所有因为待遇不够好而离职的员工都当成这样。如果经过我们的考察后发现员工可以胜任这份工作，那么员工付出多少，我们完全可以考虑给他增加工资或奖金，以此吸引员工更加卖力地工作。“食不饱，力不足，才美不外现”，想想你是否让所有类似于千里马的员工吃饱喝足呢？

如果以上三点都跟员工谈妥，一般情况下人员流失的可能性就非常少，即使流失也是那些无关痛痒的员工，核心的管理层和公司的“顶梁柱”就会比较安定。

# 学会管理人才，合理选用人才

将用人权放在一个相对公开、公平以及科学的管理制度上，不要受到任何因素的干扰。

很多创业者都信誓旦旦地保证会重用人才，拒绝碌碌无为的庸才，可真正做到这一点的企业管理者却寥寥无几。史玉柱认为，之所以会出现这种情况，大多是由于以下这些原因造成的：

**1. 创业者的虚荣心过高**

史玉柱认为，真正的人才极少能够满足创业者的虚荣心。在工作中创业者对员工有着非常高的期望值，假如员工不能让他们得到满足，他们就会对人才持敬而远之的态度。

**2. 企业内部的人才在某些方面比创业者优秀**

由于创业者心里认为自己是创业者，经常会放不下面子，而当与人才发生分歧时，自己又无法说服那些人才，因此，创业者会干脆聘用一些不如自己的人或者能力差的人去工作，因为这样的人才会对自己言听计从。

**3. 真正的人才大多具有很强的个性，且自尊心非常强**

由于真正的人才不会在创业者面前低三下四，所以就很难满足创业者的心理需求。创业者为了让自身的心理需求得到满足，就会选择那些才能一般的人，这样才会让他们的心理得到平衡。史玉柱认为，当创业者对徒有其表的、低三下四或者阿谀奉承的职员具有一定的依赖性时，这样的人对创业者也就产生了领导力，而创业者也会不自觉地陷入这样的陷阱中无法自拔。

史玉柱一直强调，真正的创业者，必须具有宽广的胸怀，对那些敢于直言进谏的人要抱有尊重态度。无论是创业者自身存有心理障碍，不敢重用能力比自己强的人，或者在日常的管理工作中遇到瓶颈，不用比自己更加专业的人，在史玉柱看来，这些都是因为创业者没有认识到自己的真正目标。作为创业者只有明确了企业的发展目标，才会明白企业究竟该聘用什么样的人才，也才会更加明白人才对于企业发展的重要性。因此，史玉柱建议创业者要学会站在理性的立场上思考问题，并做出理性的决策，这样才可以避免管理人才时出现的原则性错误。

一个不称职的官员，可能有三条出路：一是申请退职，把位子让给能干的人；二是让一位能干的人来协助自己工作；三是聘用两个水平比自己低的人当助手。第一条路会让他丧失许多权力，而第二条路会让能干的人成为自己的竞争对手，所以最好的选择就是第三条路。于是，两个平庸的助手分担了他的工作，减轻了他的负担。由于助手的平庸，不会对他的权力构成威胁，所以这名官员从此也就高枕无忧了。而两个助手因为自己的无能，他们也就只能上行下效，再为自己找两个更加无能的助手。这样一来，就形成了一个相互推脱且效率低下的管理体系。在史玉柱看来，这种现象普遍存在，而解决问题的关键就是将用人权放在一个相对公开、公平以及科学的管理制度上，不要受到任何因素的干扰。

虽然每个人都有一定的才华，但只有得到创业者的认可，才可能被其看成是人才。一般而言，思想激进的创业者喜欢工作有干劲的员工，而稳重的人或许就不会受到这种创业者的欢迎，也很难成为这种创业者眼中的人才，因为在这样的创业者看来，稳重的人办事不爽快，效率低下。其实，这样的情况在现实中非常常见。在工作中，不少优秀员工能遵守企业的规章制度，做好自己的本职工作。但如果遇到恃才傲物的领导，这类员工可就要倒霉了，因为在这样的环境当中再优秀的员工也会无法发挥出自己的才能，变得平庸起来。

很多时候人才和人品并不能画上等号。比如，一个员工在公司工作了5年，头脑灵活，又肯不耻下问，深受创业者器重。这样的人算是人才了吧，并经历了一定的考验，每次都能从容地应对企业中突发的事情，于是便很快升任公司副总经理。然而，没过多久，这个所谓的人才便拿了500万公款，卷款而逃。可所谓的庸才呢？他们忠诚，工作不耍心机，对创业者所说的话会认真执行。由此而言，无论是人才还是庸才，创业者真正看重的肯定是员工的人品。

强烈的社会责任感会让人才主动投入到社会当中，通过创新和改良等方式谋取进步。庸才则不然，由于他们缺少必要的才华，也不会产生过多的社会责任感，他们的生活非常简单，没有创新和改良的意识，只希望自身有个安稳以及薪酬不错的工作。因此，他们不会考虑太多，更不会肩负太多的责任感。总之，才能决定了两者思考方式的不同。人才因为具备才华，会看不惯现实中的一些情况，并且极力想改变现状。而在改变的过程中，很有可能会因为提出了一些他不能接受的观点或者做出了有损别人利益的事情，而让自己陷入斗争的旋涡当中。再加上他们一贯不懂得屈从和妥协的特性，会让他们前进的道路充满荆棘。庸才由于缺少才华，知道自己在工作上很难做出令人瞩目的业绩，所以他们往往就会在其他方面下工夫，比如人际交往等。在这种情况下，他们会说领导喜欢听的话，做领导喜欢做的事。可以说，正是因为这种强烈的生存欲望，才使得他们的发展之路少了许多荆棘，变得平坦。

在日常的管理中，一些创业者认为，能为企业带来实际价值的就是人才，而能力再强不能为企业创造价值的人也是无用的废材。不可否认的是，一些人即使能为企业创造价值也难免会犯下错误，在这种情况下创业者就要从多方面去考虑是否继续聘用这样的人。总之，创业者应该理性地对待人才和庸才。

史玉柱一直强调任何人都要做对社会、对公司有用的人。在现实中，一些企业经会出现这样一种情况：真正的人才由于得不到重用而选择离开，留下或者被重用的都是些无所作为的庸才。一旦出现这种情况，公司就会越发展越缓慢。但一些公司似乎并不认为这样有什么不妥，因为他们认为能力差的人虽然工作效率低，但却便于管理。可作为创业者，应该知道“人才有用不好用，庸才好用不中用”。对于创业者来说，绝不能干的事就是避开人才不用而重用庸才，学会管理人才的策略，合理地选用人才，这样才能让公司进入到正常发展的良性轨迹中。

## 创业心得

史玉柱认为，现实中存在很多所谓的人才，他们往往自认为是人才，但其实不然，这些人通常会表现出以下特征：

1. 夸夸其谈

说大话似乎是一些看似专业的人才经常做的事情。在工作中，一些所谓的人才总是表现出无所不知的姿态，认为自己是个全才。但在遇到事情后却不能有效解决，反而将问题推卸到其他上面。

2. 恃才骄狂

这样的人虽然具备一定的专业知识，以及解决问题的能力，但在工作中由于自身的骄奢跋扈，根本无法和其他人进行协同工作。而这就会影响整个团队的工作计划，最终致使工作不能及时完成。

3. 言行不一

这样的人具备一定的能力，也懂得合作，但就是在工作中总是提出反对意见，或者对事情进行质疑，从而让人们怀疑他们是否有合作的诚意。

在史玉柱眼中，以上这三种类型的人都算不上是真正的人才。

虽然人才是企业发展必不可少的动力，可以让企业实现快速发展，但是，任何一家企业都不可能杜绝庸才。其实，只要善于挖掘人的潜力，平庸的人也有可能变成才华横溢的人。

# 让下属和公司一起成长，实现其自身价值

公司由小到大，是一个观念转变和人格提升的过程。

2014 年 3 月，史玉柱“准备退休”，辞去了中国民生银行董事职务。从 2010 年提出退休、2013 年从巨人网络退休，到现在抽身银行董事会，在一步步退出的过程中，史玉柱恰恰经历了公司治理从青涩到成熟的精进。

1989 年深圳大学硕士毕业后，史玉柱创业，1991 年成立巨人公司。1994 年年初，巨人大厦动工，计划 3 年完工。1995 年，史玉柱位列《福布斯》内地富豪第 8 位。

原本计划投资 2 亿元的 18 层巨人大厦，最后变成投资 12 亿元、70

层的珠海标志性建筑——后来，史玉柱以“无法克制的贪欲”总结大厦为何越建越高，以致最终坍塌。

20 多年后，史玉柱以盖巨人大厦举例，称决策失误是一个企业代价最高的成本。他表示，“在公司内部，民主集中制很重要。公司的决策一定要既有民主，又有集中。任何一个人都会犯错误，你是老板，是个天才，你也会犯错误。我过去自以为自己考虑事情是很成熟的，其实 70%都是错的，我作为一个企业的负责人，错误的东西是很多的，所以我只能和自己的企业内部骨干多交流，多征求他们的意见，决策权一定要民主。决策确定之后，只要不是方向性错误，就要坚定地执行。”可见，在创业 20 多年、经历过重大挫折的过程中，史玉柱在决策上经历了企业制度民主化、决策集中辩证统一的转变。

2010 年，史玉柱提出退休，但被巨人网络董事会驳回。由是他退居二线，让管理层冲在一线，他说，“保健品业务：抽身已 8 年，一年参加一次年度会；网游业务：我唯一的工作是测试游戏，人事、财务、管理等早已交给刘伟总裁负责，他们做得比我好。”

2013 年 4 月，史玉柱辞去巨人网络 CEO、留任董事长，总裁刘伟接任 CEO，副总裁纪学锋升任总裁。史玉柱称，“至此我已不担任任何公司实职。终于彻底退休了，把舞台让给年轻人。告别“江湖”后，我的主营业务就是玩，副业是搞些公益。”何以能安心退休？史玉柱称，巨人网络的成功是凭借其核心竞争力及独特的企业文化与制度，并非依靠个人能力。其“制度”中颇富特色的正是建立健全的授权制度、激励机制。

首先是授权。史玉柱称:“我授权比一般的老板会彻底一点。就是下属非常坚持的，如果我不是说100%有把握的，我一般不会否决他。我还是觉得，选中了人，然后给予授权，给予科学的一些监督，就行。”卸任CEO，史玉柱表示马云的公司可能永远有其深深的烙印，而自己退休一年后公司就会没有痕迹。

其次是培养团队。史玉柱自称，“我适合打天下，守业不行，我就培养总裁、副总裁。”而培养总裁、副总裁的关键，正是完善公司治理特别是授权、激励机制，以给这些职业经理人很好的成长空间、动力。“你如果给他放在那个位置，却不授权给他，那他永远成不了气候。你要把他放在那个位置上，还要授权给他，然后就培养他。”“用人，他可能是70分，我可能是90分，我授权的时候，我就要忍受这个20分的差距。必须忍受，我也能忍受。”

授权有术，退休便有了底气。“尽管三年前我已经把这个公司的管理权完全授权给了我们的团队，但是我一直赖在这个岗位上没有撤下来。没有撤下来真正原因其实就是心里没有底，现在《仙侠世界》出来了，我现在有底了。”史玉柱说，“我之前掌管巨人网络时，业绩时好时坏，逐步放手后，新团队管理得很好，连续12个季度增长，因此，我放手很放心。这充分说明年轻人的能力比我更强。”

授权之外还需论功行赏的制度（激励机制）、文化，史玉柱推行的是“只认功劳不认苦劳”。刘伟是史玉柱最早的员工之一，2004—2007年担任黄金搭档总经理，2007年任巨人网络总裁，贡献显著，出任CEO顺理成章。2005年，纪学锋复旦大学硕士毕业后，加入巨人网络，

2009年9月至2012年4月任副总裁，其后任高级研发副总裁。34岁便成为总裁，可谓论功行赏的体现。经济激励方面史玉柱自有一套："中国人合作精神本来就很差，一旦有了股份，就有了和你斗的资本。造成公司结构不稳定。后来我就给我的高管高薪，就是给比他应该得到的股份分红还要多的钱。我认为，这个模式是正确的，从此以后，我的公司就再没发生过内斗。"

退休同样是企业家对自己在公司发展中自知之明的体现。史玉柱称："互联网不能是让我们这种老年人、叔辈的人继续在这个地方演出，就是应该让年轻人来演出。"

他将创业到退休分为数个阶段。例如，安分守己的阶段；头脑发热的阶段；重新创业阶段；让管理层、职业经理人开始逐步接手公司的运营阶段；退休阶段。"三个业务（保健品、巨人网络、投资），职业团队管得比我好，所以我就彻底退休了。"史玉柱说既然发现职业经理人团队管的比自己好，退休便成为顺势而为。

重视职业经理人，史玉柱初步破解了家族企业传承问题。他称："我的公司中，中层干部以上找不到我的亲戚，我不主张家人和亲戚在公司任职，这会给职业经理人带来很大压力，对公司发展不利，也会造成大家的心态不好。因此，我的女儿不存在接班的问题。"

值得一提的是，史玉柱投资数十亿元的民生银行非常重视公司治理。民生银行致力于建设高效、透明、和谐的公司治理，董事长董文标称："我希望让民生银行成为一个基业长青的顶尖企业，要做到这一点，就必须要在公司治理上定好制度，把一些管理方法标准化。"

史玉柱同样重视民生银行的公司治理。辞职时，他提出为进一步提升民生银行的公司治理水平，优化董事会结构，建立更加科学化、专业化的董事会决策机制，建议增加一名高级管理人员作为执行董事，并建议提名公司副行长毛晓峰为执行董事候选人。

## 创业心得

公司由小到大，是一个观念转变和人格提升的过程。小公司人少，组织简单，这时期的重点是做事，组织之间、人事之间相对单纯，人与人之间的矛盾尚未上升为焦点问题。而公司大了，机构多了，不同的人性格不同，职位不一，做事风格、工作方法也各不相同，如果不加注意，人际关系处理不好，必然会导致矛盾的产生和积聚。如果不能及时化解、疏导，矛盾还会加剧、泛滥，最终危害个人、危害团体，从而对公司造成损害。正因如此，大公司才要像军队一样注重人的培养。

整体观念高于一切，集体利益大于一切，团队意识胜于一切。人们要学会在大集体当中协调处理好各种关系，自觉自然地融入群体当中，学会适应各种环境，化解各类矛盾。作为领导要善于体恤基层，注意工作方法；作为职员，要理解、支持和配合领导工作，要有主动参与的意识，想领导所想，急领导所急。对于公司管理人员，从其在程序决策和对权力尺度的把握以及合理使用上，就能反映其境界与事业心的高低；领导者更需要不断反省与自律，因为他所要传达的必然是一种表率与楷模的示范作用，一言一行都将对其下属产生积极或消极的影响，绝不可轻视与忽略。

对于大公司来说，公司的健全先要具体到人的健全。这就要求公司里的所有人员都要树立全局观念、公正之心，要有一种高姿态、高风格。工作当中难免有一些小摩擦和意见分歧，甚至会受到一些委屈和挫折，当个人利益与公司需求发生矛盾时，你是以大局为重、平静对待，还是斤斤计较、寸土不让？这一刻，最能检验你的修养和境界。倘若你胸怀全局观念，凡事以大局为重，就不会因小失大，过于计较，主次不明。拥有公正之心，才能公私分明、爱憎分明、以正压邪，从而赢得尊重、赢得支持。高姿态、高风格，需要的是一颗宽厚之心、包容之心、仁爱之心。可以说，这一放诸四海而皆准的真理是史玉柱坚持至今的一个首要原则。

在介绍培养人才的方法时，史玉柱说："第一，让他们逐渐参与决策，参与管理。这样一方面能在价值观、思想方法甚至工作技巧等诸多方面求得一致，另一方面也要求他们不能被动式地做接受和传递的'齿轮'，而是应当作主动思考、创造执行的'发动机'。第二，先把责任和权利说清楚，然后放手给他们以机会和舞台，让他们在工作中锻炼成长起来。这样做有几个好处，首先可以群策群力，避免大的决策失误和经营震荡；其次，有了职权，他们的积极性才能调动起来；最后，在他们能独当一面之后，高层领导才能腾出时间和精力思考一些关系公司发展的更重大、更长远的问题。"

"公司开始不断地把一批又一批的年轻人推到了企业发展的前台。2000—2002年这两年的时间里，在年轻干部的使用问题上，公司遇到的困难是空前的。尽管总裁们在大会、小会上不断强调'小马也能拉大车'，不断强调为了即将到来的竞争必须大量提拔年轻人，但是这种声音并不能获得广泛认同。虽然年轻人没有取得令人信服的业绩，而且年轻人的行为自律能力还不能取得大家的认可，但公司在用人、选拔人才时始终都在贯彻这一方针。在巨人集团，几乎每年都会有数十名年轻人得到提拔。现如今，巨人集团许多部门的主任经理都是由年轻人担任的。"

史玉柱之所以强调做事先做人，就是要不断提高员工的修养，增强团队意识，去掉员工的不良习性，使其谦虚谨慎、戒骄戒躁，进而随着公司的成长而成长，随着公司的壮大而壮大，扬长避短、勇于进取，跟上公司发展的步伐，既要解决好公司内部随时可能发生的个体之间的矛盾，又要认准在公司团队之中所扮演的不同社会角色。在这期间，员工为企业创造的价值才是企业真正的价值，而员工也在其中实现了自身的价值。那些仅仅着眼于企业利润的创业者应该好好学习这种观点，以利于将自己创立的企业做大做强。

## 对下属做出有利的事情，下属才能热爱企业

与其建立完善的企业规章制度，不如先从员工的角度出发，多做一些有益于他们的事情。

很多企业都具有完善的管理制度，其制度完善的程度令人惊叹——大大小小的规章制度罗列在一起，比书还厚。也许有人认为这样的企业发展一定会非常迅猛，但事实并非如此。虽然这些企业具有完善的制度，但他们却忽视了人性化的管理，所制定的规章制度完全没有从员工的角度出发，以致员工对这些规章制度非常抵触，并不可避免地将这种不良情绪带入到工作中，那企业还谈何发展？

在员工眼中，一些企业经营者表现得非常武断，做任何事情都不会

充分考虑他们的感受，更谈不上能做出一些对他们有利的事，而员工为此也纷纷抱怨，希望创业者能从他们的切身利益出发，帮助他们解决工作中遇到的困难。在员工的强烈要求下，一些创业者也意识到此前没有从人性化的管理角度出发，于是他们改变了经营策略，从注重员工利益方面做起，最终化解了员工心中的抱怨，得到了员工的尊重，使企业的发展从此变得更加平稳有序。

可有些创业者却不这么认为，在他们看来员工提出的任何要求都是无理取闹，他们不仅不会接受和采纳员工提出的意见，反而一意孤行地用企业制定出的规章制度压制员工，这样就加深了员工的不满情绪，以致员工用得过且过的方式对待工作。可想而知，如果企业员工都抱有这种思想的话，企业的经营还能持续下去吗？

在史玉柱看来，创业者与其建立完善的企业规章制度，倒不如先从员工的角度出发，多做一些有益于他们的事情，这样才能最大限度地挽留住员工的心，让员工“死心塌地”地为企业贡献力量。那些只知道不断建立健全企业制度，很少能做出对员工有利事情的创业者，根本不会得到员工的爱戴与拥护。

在史玉柱经营的企业中，经常会把“改善员工福利”、“为员工排忧解难”、“为员工谋求幸福”作为企业发展的重中之重。因为史玉柱坚信，做出对员工有利的事情，员工才能热爱企业，才肯为企业发展做出无怨无悔的贡献。

## 创业心得

“以人为本”是史玉柱经营哲学中的核心理念之一。史玉柱说：“巨人集团之所以到现在还能够获得巨大的发展动力，一个最为根本的原因就是我们一直坚定不移地执行‘以人为本’的经营法则。换句话说，我的经营就是围绕着怎样在企业内部建立一种牢固的、相互信任的人与人之间的关系来进行的。”

在巨人集团创立之初，由于人员、技术和资金的匮乏，史玉柱只能够从企业内部挖掘企业的发展潜力。史玉柱曾在那时说过：“现在我最需要的并不是资金、技术和人员，而是我的伙伴们对我的信赖，因为只有他们从内心深处认识到我的能力，相信我能够带领他们取得成功，那么我们才有可能继续发展下去，所以万事开头应该从人开始。”

在有了这样的认识之后，史玉柱决定要“以人为本”去经营企业。虽然“以人为本”的经营理念看起来很容易，但是真正做起来却并不容易。“以人为本”的经营理念包含着诚信、关怀、感恩、包容等诸多因素，要将这一理念在实际中落实到位，创业者自身就必须是一位能够严格要求自己的“君子”。

在巨人集团刚刚创立的时候，员工中流行着这样一种生活方式“工作的时候工作，自己的时间就是自己的时间”，把“工作”和“自己”严格分开，让两者保持距离。可以说，这是一种不错的生活方式，但是在史玉柱看来，公司中并不需要这样的员工，彻底地将“自己”和“工作”分割开来的员工根本就不是公司最需要的员工，因为他们不懂得为工作付出就是为自己付出的道理。

史玉柱说:“在我看来，企业要获得发展，必须拥有充满激情，愿意将‘工作’当作事业去干的员工，而人只有悟到‘工作’和‘自己’是一个密不可分的整体时，才能够从内心深处感受到自己对工作的热爱。这样一来，就会全身心地投入到自己的工作中去，热衷于为自己的‘工作’多付出，达到与‘工作’共生死的程度。换句话说，如果一个员工对于自己的‘工作’缺乏足够多的热情，不能够挚爱自己的‘工作’，那么他一定做不好工作，也无法成为一个合格的员工，他所在的企业也会因为他这样的员工而陷入发展的困境。”

史玉柱“以人为本”的经营理念逐渐受到了员工们的认可——员工们也开始努力要求自己，工作的时候要对得起自己的良心，生产出来的产品要对得起客户和消费者。可以说，“以人为本”的经营理念令巨人集团产生了强大的凝聚力和创造力，为巨人集团以后的发展奠定了坚实的基础，同时也成为了巨人集团提升员工信心的主要方式之一。

# 实施激励措施，调动下属工作的积极性

为工作成绩突出的员工颁发荣誉称号，强调公司对其工作的认可，让员工知道自己是出类拔萃的，更能激发他们对工作的热情。

史玉柱说，企业的发展要以人为本。企业要做到以人为本，需要对员工实施激励措施，以便调动他们工作的积极性、主动性和创造性。所以，激励制度是企业经营管理中一项不可或缺的策略，该策略完善与否直接关系到企业能否产生高效率。

在现代企业管理中，考核激励制度就是用来激发和鼓励员工，通过满足员工的需求，激发出他们的工作热情，将其内在的潜力充分地发掘出来，并直接给企业创造出高效率。在史玉柱看来，企业要建立完善的考核激励制度。

企业管理者要有考核激励的意识。史玉柱认为，管理者必须具有考核激励的意识——这样才能为进一步完善制度打下基础。试想，一个没有考核激励意识的管理者又怎么能激发出员工工作的积极性，使企业产生高效率呢？可以说，激励制度已经越来越成为影响企业发展、激发员工创造高效率的重要因素。比如在工作中，员工的工作热情非常高，还提前完成了工作计划，当向领导汇报工作时，如果没有得到领导的认可和激励，这名员工肯定会产生挫败感，从而使其工作积极性受到打击。而那些有激励意识的管理者往往会这样做：当员工完成工作计划后，他们会给予员工一定的精神鼓励，比如他们会这样说："干得不错！""加油，目标离你越来越近了。"这样的话语激励不仅能使员工得到被尊重的感觉，还能提高他们的工作积极性，使员工在后续工作中继续保持高效率。

企业管理者要制定考核激励机制。仅有激励意识而缺少激励机制，企业管理者同样不可能促使员工产生高效率。这好比一个空想家，虽然头脑中有各种思想和理论，却缺少实现这些想法的行动，最终只能与成功擦肩而过。同理，在企业管理中，企业管理者如果没有制定出具体的激励机制，比如对员工超额完成工作任务有哪些奖励、员工的建议被企业采纳应得到哪些物质方面的奖励、工作中有特殊才能或对工作认真负责的人应该得到哪些福利待遇等等，那么员工的潜能就不能被激发出来，企业管理者也就看不到员工工作的高效率。也就是说，只有让员工看到了企业的激励机制，员工才会心甘情愿地为企业高效率地工作。

史玉柱在现实管理中通过调查得知，那些发展速度快且能够迅速跻身世界 500 强的企业无不是因为其管理者制定了详细的激励机制，如按时完成工作任务会得到奖励、为企业发展提出建设性意见的员工将被企业重用等。通过这样具体详细的激励机制，员工会更加主动地工作，并努力将工作做到最好。这样一来，企业管理者想要看到的高效率自然就会显现出来。

制定考核激励机制后要将激励措施落实到位。企业管理者制定出考核激励机制之后要花时间和精力认真落实。具体来说，虽然有些企业制定了详细的激励措施，可当员工在工作中达到奖励标准时，企业却以种种理由拒绝对员工进行奖励，致使员工在心理上产生极大的失落感，从而降低了工作积极性。同时，企业在员工心目中的诚信度也会大打折扣。

## 创业心得

要对激励措施不断进行改进。史玉柱认为，企业将激励措施落实到位后还要对激励措施进行不断的改进，这样才能提高员工的工作效率。如果不对激励措施进行改进的话，激励措施就会跟不上企业发展速度以及员工的需求。成功的企业非常重视对激励措施后续的改进工作，因为他们意识到如果不对激励措施进行更新与改进，就会在激励员工工作积极性方面带来阻力，从而致使企业员工创造不出高效率。

管理者要根据企业的发展和员工工作努力的情况及时对激励措施进行改进。比如，当企业的整体销售额提高时，为了让企业能进一步做大做强，企业管理者就要提高对员工的奖励提高，以激励员工的工作热情。通过对激励措施的不断改进，可以使企业进入一种良好的发展氛围中。

# 团队建设很重要，充分发挥团队作用

团队建设是一个伟大的创造，它是现代企业管理的一个基础，是一个平台，也是构建公司的一个基本出发点。

无论何种性质的企业，都存在一个投入和产出的问题。每个人的能力都有一定限度，善于与人合作的人，能够弥补自己能力的不足，达到自己原本达不到的目的。自己力量有限，这是我们每一个人存在的问题，但是只要有心与人合作，善假于物，那就要取人之长，补己之短，而且能互惠互利，让合作的双方都能从中受益。“每年的秋季，大雁由北向南以‘V’字形状长途迁行，雁在飞行时，‘V’字阵形基本不变，但头雁却是经常替换的。头雁对雁群的飞行起着很大的作用。

因为头雁在前面开路，它的身体和展开的羽翼在冲破阻力时，能使它左右两边形成真空。其它的雁在左右两边的真空区域飞行，就等于乘坐一辆已经开动的列车，自己无需再费太大的力气克服阻力。这样，成群的大雁以‘V’字形飞行，就比一只大雁单独飞行要省力，也就能飞的更远。”人们只要相互合作，也会产生类似的效果。只要你以一种开放的心态做好准备，包容他人，你就有可能在与他人的协作中实现仅凭自己的力量无法实现的理想。

一个好的创意的产生与实施，企业家光靠自身的力量和努力是不够的，必须集思广益，并在自己周围聚拢起一批专家，让他们各显其能、各尽其才，充分发挥他们的创造性。我们生存在一个努力合作的时代中，几乎所有的企业，都是在以某种合作的形式下经营。我们只要浏览一下当天报纸上的新闻，必会看到类似的报道：在同一管理机构下合并的工商业，创造了无比的力量。今天是一群银行企业合作，明天又是一群铁路公司合作，过几天又是几家钢铁公司联合起来。这一切的合作行动，其目的全是为了运用高度的团结及配合，发挥出更大的力量。

团结就是力量，在动物界中及富团体精神的代表：一个蚂蚁的力量很弱小，但是它们却能把比它们体重重几十倍甚至上百倍的食物从远处抬回“家”中，这种力量靠的就是团体作业。双赢的竞争才有助于团队的发展。团队精神不会自发产生，需要人们有意识、自觉地来培养，首先要从改变观念开始。现代社会是一个高度竞争的社会，激烈甚至残酷的竞争常常使人们联想到自然界的法则：弱肉强食，适者生存。

事实真的如此吗？竞争使人们将自己潜能最大限度地发挥出来，每个人都做得比自己以前好，真正的竞争应该是双赢的，尽管在与他人比较时有高低之分，所以竞争只会让大家都变成强者。竞争不是靠尔虞我诈，而是靠挖掘自己的潜能，相互合作，使各自发挥出更大的能量。特别是在团队内部，为了让自己的团队在竞争中处于不败之地，发扬团队的精神，就显得更为重要。

团队合作意识是指团队和团队成员表现为协作合为一体的特点，团队成员间相互依存、同舟共济、互敬互重、彼此宽容和尊重个性的差异。彼此间形成一种信任的关系，待人真诚、遵守承诺、相互帮助和共同提高。良好的合作氛围是高绩效团队的基础，没有合作就无法取得优秀的业绩。力量和成功是相辅相成的。因此任何人只要拥有这项知识及能力——和谐有效地将个人思想与团队意识相结合，就能在任何行业中获得成功。

论及团队建设，众企业家都有他们各自独到的见解。史玉柱的团队建设方式在管理界堪称一绝。史玉柱的巨人网络于 2007 年 11 月初赴美上市，成为国内首家登陆纽交所的网络公司。就在 3 个多月前，郭广昌旗下内地最大的综合民企复星国际，在香港联交所正式挂牌。

史玉柱、郭广昌两人，前者是擅长实操，性情偏执独裁，几经坎坷沉浮的“著名失败者”；后者是深谙资本，理性激情兼具，走多元化之路的“常胜将军”。如果仅就个人奋斗轨迹将他俩并列比较，不免有哗众取宠之嫌。

不过其真正的价值恐怕在于多年以来，二人叱咤于风云多变的商场中，誓死追随他们的是一支极具凝聚力、异常稳定的核心骨干队伍。在巨人，史玉柱负债不能露面时，是他的“四个火枪手”在撑着；在复星，郭广昌为首的“五剑客”更是始终如一。两位明显“道不同”的创业英豪可谓殊途同归。

事实上，“分家”对于中国创业者而言是再正常不过的事，就算是希望集团刘永行、刘永好等四位亲兄弟，最终也在事业做大后分道扬镳，拆分为四个独立集团。对于史、郭二人这样罕见的个案，难道会仅仅是“幸运”的结果？

外界常常用“沉浮”、“动荡”来形容对史玉柱团队的印象，但谁也不能否认其“嫡系”十分稳固。陈国、费拥军、刘伟和程晨被称为史玉柱的“四个火枪手”。史玉柱在二次创业初期，身边的人曾经有很长一段时间没领到过一分钱工资，但这四人始终不离不弃，一直追随其左右。

按刘伟的介绍，尽管经历了巨人公司数年的停业，但脑白金分公司的经理有一半都是最初跟随史玉柱起家的人，这些人在脑白金已工作六七年，而脑白金和《征途》的多数副总更是早在1992—1994年期间便是巨人公司的员工。

人们的疑惑在于，史玉柱这位出身于技术而又近乎偏执的“独裁者”，何以在巨人集团倒下之时，整个团队20余人几乎都没有离开他，反而追随他蛰伏了数年后又东山再起？从最早的计算机产品到保健品，再到现在的网游，几乎是同一帮人马在策划运作。究竟是什么原因，让他们这么忠心地陪伴史玉柱左右？

作为史玉柱“新嫡系”的《征途》项目负责人纪学锋，是史玉柱成立征途网络公司时挖来的第一批网游骨干之一，对此，他的看法是："公司各方面都很开明公平，只要有实力，就会有机会。在管理上不会拘泥于太多的规则，大家做事的时候拼命做，小事则不计较细节，整个过程衔接十分融洽。很多企业包括外企，规则管理都把人管得太死。"巨人大厦失败后，对于怎样维系团队的信心和保证企业的向前发展，史玉柱的做法是："不定目标，缜密论证，步步推进，一咬到底。"这一习惯，贯穿着征途网络两年多的发展轨迹。

脑白金 2001 年销量突破了 13 亿，时任上海健特总经理的陈国与史玉柱为大学同窗好友，毕业后，一直追随史玉柱，并帮他打理公司日常事务。翌年，陈国发生车祸。据知情人士透露，当时史玉柱正在兰州开会，撂下电话后连夜飞回上海，赶到医院时陈国已奄奄一息。和巨人的倒闭相比，这件事对史玉柱的打击同样巨大，公司把所有业务全都停掉专门处理陈国的后事。史玉柱在后来回忆时表示，那是一种"断臂之痛"。从此，史玉柱对交通工具要求很高，"坐 SUV 为主，另外加了一条规定，干部离开上海禁止自己驾车"，他和公司高层每年清明都要去给陈国扫墓。

史玉柱没有在陈国去世后重新接管脑白金，而是将担子交给了文秘出身的刘伟。"刘伟是上海健特副总，她分管哪一块，花钱就是比别人少很多。"史玉柱说，"跟了我十几年，没在经济上犯过一回错，我自然非常相信她。"刘伟表示，自己虽然能叫出这 300 多个县、市、省办事处经理的名字，但具体管理还需要史玉柱提供思想和方法。

早期，史玉柱实行的是军事化管理，后来他渐渐明白，"大多数员工的使命是打工挣钱，养家糊口。虽然军人有对国家和民族的义务，但员工没有对老板效忠的义务”。他有时甚至使用极端的管理方式，比如脑白金战役时，员工们疯狂地工作、疯狂地加班，史玉柱经常会在员工加班的时候动不动就发上几千元的奖金，让人惊喜不已。

史玉柱力求让每一个员工明白，评价做事的成果“最终凭的是功劳而不是苦劳”。公司只有一个考核标准，就是量化的结果。正是以结果论英雄，他才练就了一个强有力的队伍。不过，如何在保证结果的同时，保证合理的管理制度，史玉柱的一个管理思路就是：“制度无情，人有情。”“老板是刀子嘴豆腐心，骂人归骂人，不会夹杂其他。并且，老板做错了也会自我检讨。”有员工这样评价史玉柱。

在中国，以亲情文化和家长式管理为纲的企业并不在少数。家长式或长官式管理的另一种表现形式就是独裁性领导。在检讨巨人集团失败的教训时，史玉柱曾表示，原来公司董事会是个空壳，决策就是由自己一人说了算，认识到了“决策权过度集中危险很大”。

今天，这位自诩为“著名的失败者”似乎已经洗心革面，他说：“独裁专断是不会了，现在不管有什么不同想法，我都会充分尊重手下人的意见。”任何一个项目，只要赞成票不过半数就一定放弃，否决率高达 2/3。

建立一支具有战斗力的核心团队是令很多企业家夙兴夜寐的难题之一。企业家有三种境界：第一种境界，“下君尽己之力”；第二种境界，“中君尽人之力”；第三种境界，“上君尽人之智”。我们也通常把第二种境界称为“借人者强”，第三种境界称为“借智者王”。正是因为如此，企业家留住核心团队成员应该从“人性沟通”和“构建人心工程”两个方面入手。人性沟通的出发点就是人性的关怀，也就是在名、利上下工夫。名，就是对精神上的期望；利，就是对物质上的欲望。这主要关心以下几个问题：

**1. 今天得到了什么？**

公司是否为核心团队的成员设立了清晰的薪酬计划、岗位职责。

**2. 明天得到了什么？**

公司是否为核心团队的成员进行清晰的职业规划及公司规范的辅导。

**3. 如何终身留下？**

公司就要从体制上面进行创新，比如说承包方式（项目承包、工段承包、部门承包、分公司承包等）、进行股改（明确组织架构、确定核心团队成员岗位、股东类型的设立）等。让核心团队的成员能够感觉到他自己在“耕自己的田”。

企业家必须做的就是要让你的核心团队成员从思想上认同你的企业经营理念，在情感上能够接受公司，从而就会在行为上保持高度一致。

如果公司在下达命令时能够引导核心团队成员把个人目标和公司目标统一起来，就会产生一种很强大的执行力，重要的是会产生自动自发的行动力，最终会继续成为公司的核心团队成员。打造核心团队是一个相对较漫长的过程，需要加入核心团队的成员进行心态、思想方面的训练，使核心团队的成员时刻忠诚于团队，时刻处于积极进取的心态；同时，还要对核心团队成员进行专业技术与管理技能方面的训练，使团队成员特别是骨干成员掌握精悍的专业技术能力与具有一流的管理及领导能力；通过不断的磨练、考核及激励使核心团队成为企业的“党支部”与“特种部队”。

成功的经营者都认为，企业少依赖他们，其实可以运转得更好，所以建构一个机制来监控企业和平衡绩效，打造一个和企业家同心同德的核心团队尤为重要。他们发现，当他们做这件事情的时候，他们有更多的时间来规划战略和营运策略，而这些策略都能让他们的公司更有机会成长，所以，团队建设是一个无止境的过程。

**1. 团队建设永远是企业发展的最重要问题**

核心团队建设不可能一蹴而就，也不能一劳永逸。它是随着实践的发展而不断建设的过程。外部的需要、年龄的限制、身体的状况、事业的发展等等许多原因，都要求我们必须不断加强核心团队的建设。核心团队的建设永远都是企业发展的最重要问题，必须要用与时俱进和科学发展观来看待和处理。

**2. 团队建设必须随着企业的发展不断调整**

企业各级核心团队的建设还必须要跟上企业发展的步伐。从亏损企业到扭亏为盈，从较小规模到较大规模，从人数较少到人数众多，还有从最初胜任到不能胜任，还有个别的突发事件等多种情况，都可能促使核心团队的调整。调整是正常的、必须的，是发展的需要，同时也是进步的结果。

**3. 团队建设还要着眼于市场和客户的需求**

着眼于市场和客户需求，了解市场和客户的反映，是我们加强核心团队建设的一个非常重要但又没有引起足够重视的问题。核心团队带领企业是要在市场上打拼的，是要与客户接触的，是必须在竞争中取胜的。如果这个团队得不到市场和客户的认可，是不可能成功的。

**4. 只要有一个优秀的领导者和一个好的团队，就没有搞不好的企业**

大多数优秀的领导者都是艺高人胆大的。他们有底气、有内涵、有头脑、有知识、有创意、有自信，对企业的发展有独到见解，对企业事业公正廉洁……有这样的领导者一定能带好核心团队，有这样的一个领导者和一个好的团队就没有搞不好的企业。

## 创业心得

曾经令巨人集团和史玉柱引以为豪的年轻团队，的确带来了许多的活力、冲劲与闯劲。然而，也正是这样一支团队，却无法经受住利益的诱惑与考验。人才的大量流失成为史玉柱和巨人集团始料不及和难以掌控的状况。

为了摆脱人才流失的难堪局面，史玉柱开始着手他的“精神领袖”计划。“擒贼先擒王”，在企业员工凝聚力还一时无法通过尚未成型的企业文化来实现的时候，“精神领袖”的作用是不可低估的。

在史玉柱看来，团队是他最大的财富。对于这个团队，史玉柱说:“我觉得我和他们在工作上面是经常会发生冲突的，但是个人关系确实非常好。我觉得我比不少的民营企业老板都做得好，对自己的下属，真心的对他们好。对于自己的团队成员，你潜意识里要随时认定他们和你是平等的，有同样的人格，那么你就要学会尊重他们。”

史玉柱曾多次在公开场合中强调过：要脚踏实地地从小做起，团队作用重于个人。

他认为，公司对一把手的依赖性太强，并不是好事。早在在征途网络还没有改名成为巨人网络的时候，身为征途CEO的史玉柱一般都不去位于徐汇区的征途公司上班，他很从容地说："我一般都不过去。”别人问起原因，他笑了："烦事情太多。”

谈到他不在时的公司运营状况，史玉柱淡淡地说："我已充分授权给了几个副总。”这不仅是史玉柱的大度，更是他对下属的极度信任。

他曾对《赢在中国》的选手钱俊东说："想一想，哪一天你住院了，公司是不是就要停了？所以你要充分发挥团队的作用。以后要注意培养人，企业过百人后，仅凭个人的能力和精力是不够了，公司管理就会进入危机爆发期。”

此外，他还说道："另外我要强调的是，团队建设的一个关键是安排好利益。按常理推断，你的企业还没有股权分配问题，利益安排应该是平时的销售额加年终奖。从目前情况看，这种安排我比较赞同。其实对企业来说，分配股权成本最高，但对于团队员工来说，也可能是最不满意的，因为股权和现金相比，不少人更喜欢后者。总之，你要使你的企业和你自己全面成熟起来。”

充分发挥团队的作用，是史玉柱反复强调的，他同《赢在中国》选手董克勤也说到了这一点："我感觉你是属于那种很强势的人，这点和我有点像。可能你表面上比较重视团队，但骨子里你并没有真正发挥团队的作用，你个人在团队里起的作用过大。从我个人来说，现在我在团队里是受制约的。我举个例子，前些年，团队开会我只抓研发，不准我看企业的股票行情，但后来我还是憋不住偷看了，当场被总经理发现，他说，你再这样的话，公司是没有希望的，从那以后，我就乖乖地抓研发，所以对强势的老板必须要有制约，一定要靠制度把自己制约住。你要真心实意地充分发挥团队的作用，而不是做做样子表演给人看。”

要多和团队谈心，多了解情况，多知道他们的想法，尤其是他们在担忧什么，或者希望老板能在哪些方面给予支持。

# 不重过程重结果，不重苦劳重功劳

只有以结果为导向，才能产生业绩，才能预防敷衍塞责的风气盛行。“执行”不只是要“做”，还要“做好”、“做对”、“做成”。

俗话说：革命不分先后，功劳却分大小。事实上，企业需要的是能够解决问题、勤奋工作的员工，而不是那些曾经做出过一定贡献，却跟不上企业发展步伐的员工。因此，对于创业者来说，都必须懂得“没有苦劳，只有功劳”这项现代组织的生存法则。这样才能把企业打造成百年老店。

史玉柱自称1994年是巨人集团富有转折意义的一年，那年1—8月间巨人集团经营状况处于徘徊状态，甚至有少许倒退，9月下定决心进行全面改造，10月开始，企业增长速度加快，员工队伍以每月200—300人的速度增长。

史玉柱于1994年下半年做了一次试验，模拟战争气候，给员工一些在常规下不可能完成的压力，迫使他们创造奇迹才能完成，如果创造出了奇迹可以得到可观的奖金，如果不能创造奇迹将被免职，让他在一年内做回普通员工，一年后可以再次获得机会。结果证明，2/3的人创造了奇迹，这样就有了一支很强的领导队伍。

确实，没有员工的努力工作就没有今天的巨人集团。对此，史玉柱多次在会上强调，良好的业绩是影响公司快速发展的基础，也是影响公司基业长青的前提条件。经验与资历固然重要，但这并不是衡量能力的标准。有些人10年的经验，只不过是1年的经验重复10次而已。年复一年地重复一种类似的工作，固然很熟练，但可怕的是这种重复已然阻碍了心灵的成长，扼杀了想象力与创造力。员工的成长有一个过程，也必须经历一定的"台阶"。如果只讲资历不看能力，就会出现论资排辈的现象。但有的人常常如此，结果害人不利己。因为长江后浪推前浪，有时资历无法代表全部。

身在职场，必须懂得"没有苦劳，只有功劳"是公司的生存哲学。资历不是能力，不能靠资历吃饭，否则，你的职场之路将越走越窄。如果你在工作的每一阶段总能找出更有效率、更经济的办事方法，你就能提升自己在老板心目中的地位，也许会被委以重任。所谓"在商言商"，公司不是慈善机构，老板也不是菩萨心肠，他的目的还是盈利，使生意越做越大。老板雇用你就是希望你可以为公司创造更多的价值。

企业需要的是能够解决问题、勤奋工作的员工，而不是那些曾经做出过一定贡献，现在却跟不上企业发展的步伐、自以为是的员工。在一个凭实力说话的年代，讲究能者上庸者下，没有哪个老板愿意拿钱去养一些无用的闲人。

在管理中，我们经常会遇到这样的现象，完好的产品到了消费者手中出现了意想不到的问题，10件产品有五六件包装出现破损，消费者要求退货，而售后服务人员却找出一大堆搪塞的理由："很抱歉，因为这几天下了几场大雨，路上颠簸，包装难免会出现划痕，即便再换一次，也不能确保包装完好无损"；"可能是由于员工在包装时操作不当造成的，我把情况向上级反映一下看看能不能给你调换"；"这段时间比较忙，有些细节问题就顾不上了"；"现在原料价格大涨，生产成本太高，如果退货的话，损失就太大了，保证以后不出现类似问题了"……公司人员对客户讲了一番理由，有的消费者也不会听进去半句，因为消费者不会为你的理由付钱。

将执行力落实到位意味着不管担任什么工作都要对结果负责，为结果而战，没有结果的执行没有任何意义，不论你付出了多少汗水，多么辛苦，加了多少夜班，投入了多少人力、物力、财力，只要没有为企业提供有价值的结果就等于没有结果。

任务执行之所以要强调员工的功劳即结果，而不是苦劳，就是因为只有结果才对企业有价值。许多企业管理者将著作《把信带给加西亚》中的主人公罗文当成全体员工学习的榜样，并不是因为他在送信的过程中经历了怎样的磨难，也不是因为他以顽强的毅力克服了种种磨难，而是几经周折实现了总统交付他把信交给加西亚的这一结果，如果没有这个结果，罗文也不会受到后人的称赞，这本名著也不会流传至今。

对于企业的生存和发展而言，不管员工如何辛苦，只有结果才能证明员工对企业的价值和企业对社会的价值。同样的道理，一个企业也不会因为全体员工的卖命苦干而得到市场的认可，只有企业为市场提供了满足消费者实际需求的产品或服务这样的结果，才会换来市场的回报，也就是说企业是要靠结果生存和发展的，结果不理想，企业就难以在市场中立足。为什么这样说呢？因为任何一家企业都要遵循一种商业关系，即价值交换的关系，这种关系的本质就是不同结果间的互换，或者叫利益交换：企业提供相应的结果，客户付给你相应的费用。

一般而言，作为一种商品的“结果”，必须具备以下三个要素：

(1) 客户化。有客户需要的才是结果，客户不需要，即便你生产出来了，也不算成功。所以，当执行生产任务时，一定要考虑产品是否能满足客户的需求以及客户是否会满意。

(2) 量化。可量化的才可以交换，这就需要让客户看到实实在在的结果。

(3) 实物化。只交换结果，不交换过程，只讲功劳，不讲苦劳。

我们每天做事的时候，重要的就是要明确这“三化”。

举个简单的例子，快递公司要为客户快递一份重要的文件，费用大概是 20 元，如果快递公司员工因为赶上刮风下雨的恶劣天气，或者赶上交通拥堵没有按时将文件送达，客户会不会付给他20元钱？或者他在承诺的时间内将文件送达，但是不小心文件被雨淋湿了，客户会不会按原价付给他费用？或者他克服种种不利的条件，付出了比平时更多的汗水，终于万无一失地按时将文件送达，客户会不会因为他的辛苦而多付给他费用？答案是不会的。因为20元钱交换的就是他把文件保质保量地送到客户手中这样的结果，而不是他为这个结果付出的劳动多少。

结果对企业如此重要，可以说是企业的生命线。任何没有达到最终所要结果的行为不仅是毫无价值的，而且还会造成时间和资源上的浪费。这就如同挖井，挖井的目的是为了能得到可用水源，如果没有这样的结果，不管你挖了多少坑都是徒劳的。这是人人都明白的简单道理，但是为什么员工往往完不成企业领导想要的结果呢？这与员工对执行结果抱有的心态有关。一般来说，员工对执行结果抱有以下四种心态：

第一种心态是只重过程不重结果。如果员工只注重过程，交代的事情办了，该走的程序走了，这种现象必然会导致企业执行力低下。举例来说，有的建筑承包商在谈项目时，接触了几十家公司，但是没有一家公司与其签订合作合同，只有希望没有结果，一年下来也挣不到钱；而有的承包商虽然洽谈的公司不多，但是谈一个成一个，这样承建的工程就多，收益就多。这就是重过程与重结果的巨大差别。

第二种心态是“干不好我认赔”。这类员工会对上司交给的某项任务毫无怨言地去执行，如果没有达到结果愿意承担任何损失。这是有

责任心、对结果负责的表现，但是这种心态仍然无法保证按质按量地做成结果。如果最后把事情办砸了，不管你支付多高的赔偿金都是无法挽回已出现的损失的。试想一个员工总不能将任务执行到位，总是做不好结果的企业怎样在市场竞争中生存和发展呢？

第三种心态是“结果是什么，我不敢保证，但我一定尽力而为，哪怕结果不一定好，但我一定要做到问心无愧”。有这类心态的员工会尽最大的努力去实现某个结果，如果结果并不理想，达不到预期，就会说“我已经尽力了”。言外之意是说这不是我的责任了，公司不应该再惩罚我了。如果你是一个管理者，你会对这种自欺欺人的心态感到满意吗？在现实工作中，有多少任务是只要尽力去做就可以保障达到结果的呢？

所以，要想使员工执行到位，不仅要看一个人的办事态度，还要看他的能力。对于那些工作态度虽好，但能力欠佳的员工，公司也不应随随便便地网开一面，而应当按制度论处。否则，以后员工因态度不认真、工作不努力而完不成任务时，也可能会编造出“我已经尽力了”这样的理由逃避责任，时间长了，受到相应的惩罚还会产生“执行就是做任务，做任务等同于做结果”的错误认识。

举例来说，经理让秘书安排会议，秘书只是打电话通知一下有关部门的人员就完事了，这只是实现结果的一个过程，而不是在做结果，只有应邀参加会议的人员都到齐了才算是真正的结果。而只通知一下参会者是不能确保每个人都能按时出席会议的。但是按照秘书的思维逻辑，通知了就等于完成任务了，所以当与会者恰好都出席了这次会议时，秘书会说这是自己的功劳，于是向经理说自己总能保质保量地完成任务，而当有人没有出席会议时，秘书则会把责任推得一干二净，因为她已经都通知到了，至于参加不参加，为什么不参加就不关自己的事了。

以上对执行结果抱有的几种态度都是在做任务，而不是在做结果，只有持有“真正对结果负责”这样心态的员工才是在做结果。拥有这种心态的员工会主动地克服为逃避责任找借口、应付工作的形式主义、做任务就等于做结果等消极的执行心态和做法，而是在接受任务的那一刻起，就会想着采取怎样的办法才能更好地实现领导交办的任务，怎样创造性地开展工作才为公司会创造更多的效益。

企业员工有了“真正对结果负责”的心态，永远锁定“结果”这个目标，才有可能消灭一切借口，不管遇到多大的困难，不管遇到怎样的挫折都会为了获得结果而坚持到最后。

对结果负责除了避免以上错误的思想倾向之外，还必须以结果思维作为引导，行动之前，对于想达到什么样的结果心中有数，为了在规定的时间内实现结果，还要将目标进行分解，进一步将目标细化，对流程进行改善和优化，才能更好地实现目标。

对于员工管理，史玉柱说应只认功劳不认苦劳。史玉柱成功的背后是他管理的成功。史玉柱力求让每一个员工明白，评价做事的成果“最终凭的是功劳而不是苦劳”。公司只有一个考核标准，就是量化的结果。正是以结果论英雄，史玉柱才练就了一支强有力的队伍。

史玉柱说：“在做脑白金之前，我就开始思考这个问题，脑白金的制度应该怎么建设？我选择了一条既不极左也不极右的路线，这套制度主要从几个角度去制订：一个员工来你这里做事，他想追求什么？最主要的还是两点：第一是他能不能得到他满意的经济回报，从而改善他的生活，这是很正当、很合理的要求；第二是他的个人价值能否实现。基于这两点，我重新设计了一套制度，这套制度的第一点就是要充分体现多劳多得，少劳少得，不劳不得的特点。如果这个设计被合理采纳，它的威力会相当大。第二点就是这套制度要体现出充分授权。其实权利很烫手，能不在自己手里就不要在自己手里，只要能将权利、责任、利益充分合理配套，将它分散下去是最好的选择。在充分授权的情况下，公司的每个员工都会觉得有自己发挥的舞台，不需要事事都向上级汇报，可以在自己的权力范围内做出决策。如果取得了成功，他就会有成就感；如果失败了，他会吸取教训，这对提他本身价值也有所帮助。”

## 创业心得

关于企业文化建设，即使你的制度再完善，如果没有企业文化的配套与补充，企业管理将是徒劳。因为任何一个制度都可以钻空子，唯有将文化建设作为补充，这样整个企业管理才会是健全的，整个公司的气氛也才会是健康的。

如何制订企业文化呢？史玉柱说：“我觉得，对于营销类企业而言，关键就是针对自己的企业可能存在的制度上无法解决的问题，专门去制定一些文化和口号。这并不在于要有多高的调，适用就好。在启动脑白金之初，我制订了几条，现在我们还在用，为什么还在用？这说明它到目前为止仍然有效。比如我们企业文化中的第一条就是只认功劳不认苦劳，因为苦劳对一个企业而言没有任何贡献，它不会带来任何利润，但中国的传统文化认同"没有功劳也有苦劳"。如果将这句话明确地提出来，只认功劳不认苦劳，并将之灌输下去，一旦得到认可，企业的效率会有很大的提高。比如我们企业文化中还有一条，就是'做不到不要说，说了一定要做到'。我们不少中国人有这样的陋习，喜欢拍胸脯，喜欢说大话，尤其是下级对上级说大话，也有上级对下级说大话，在这样的气氛下，企业上下级之间就不存在任何信任。而如果一旦将'做不到不要说，说了一定要做到'作为口号来提，那么每次下级跟上级拍胸脯的时候，报告下个月即将完成的销售任务的时候，他会慎重。我们情愿他少报一点，但是上报了多少就一定要完成。一旦这个氛围建立，它与制度配合后的战斗力往往也很强。"

## 充分授权，提高管理效率

如果是让一个不懂决策的人做决策，这必然会造成人才的浪费与流失，解决这个问题的最好办法就是让最了解情况的人拥有决策权。

史玉柱认为，“充分授权也可以提高管理效率。充分授权，公司工作效率会提高，一个企业在人数不变的情况下，做出的贡献更高。过去我们管全国市场，月销售额在三四千万的时候，总部有300多人从事管理；现在一年10多亿的销售额，我们总部真正实行管理的只有十几个，但是管得也非常好，而且每个人手里都有不同的权力。一个人干几个人的活，他又有权力，一个人又拿两个人工资，所以他也开心，效率又高。这就是充分授权问题。”

2001 年，脑白金销量突破 13 亿之后，史玉柱随即将日常管理扔给了大学时的同学陈国。史玉柱完全相信陈国，因为巨人大厦失败后，“陈国、费拥军好几年没领工资，也一直跟着我”。2001 年开始还国内的债，人数有 1000 多人。这个做完之后，到 2002 年的时候，史玉柱开始从管理位置上退下来。史玉柱感觉他的团队培养得还不错，那时候规模没有现在大，人数有七八千人。但这个团队运营得非常好，所以他就退下来了。

2002 年，陈国去世后，史玉柱并没重新接管脑白金，而是将担子交给了刘伟。刘伟加入珠海巨人集团的时候，只是个普通的文秘。“刘伟做上海健特副总，她分管那一块，她花钱就是比别人少很多。”史玉柱说，“她跟了我 12 年了，没在经济上犯过一回错，我自然非常相信她。”

据刘伟介绍，在运作脑白金和黄金搭档时期，史玉柱也基本只做一件事情：思考产品的营销策划。到了 2004 年，史玉柱一开始“打游戏”就对保健品撒手不管，于是刘伟等人就开始接手脑白金和黄金搭档的营销和市场，并对黄金搭档的营销进行了一次大幅调整。淡化礼品现象，打出了“补钙、补铁、补锌”的广告，并调低了价格。刘伟说：“我们没有恪守史玉柱的战略，事实证明我们的调整是正确的。”

2004 年以后，史玉柱还提拔了一大批研发技术方面有突出表现的员工担任高管，如袁晖、丁国良、纪学锋等人。2007 年 5 月，投身《巨人》游戏研发的史玉柱开始淡出《征途》的管理，纪学锋这个 1979 年出生的复旦数学系硕士生被史玉柱推到了《征途》的管理前线。最初，纪学锋还经常会拿捏不准一些细节而请史玉柱来把关，但是现在，他已经能够掌控全局并开始创新，《征途》融入了很多即时战略游戏的元素，就是纪学锋的大胆尝试。史玉柱赞赏道：“我觉得纪学锋比我做得更好。这个小伙子非常优秀，《征途》整个项目他管理比我关注的期间做得还要好。也不光他一个人，还有他的团队，我觉得这个团队也完全培养出来了。像这次《征途》在线人数从96万上升到152.96万，这个上升过程我是一点没有参与，完全是这个团队的功劳。”

在管理上，史玉柱的影子在这家公司正在不断淡化。史玉柱笑称自己是一个很少来办公室的不合格的公司领导者。2007年9月，刘伟被史玉柱从上海健特调到了巨人网络并担任总裁。“他更加放权。”刘伟说，“我觉得我们公司的管理在国内还是非常强的。”刘伟表示：“其实史总他以前很少抓管理上的事，我们还有位CEO叫张旅，他是最早就来征途，征途刚创业的时候他就来了，一直就担任一个常务副总的角色。现在是首席运行官。他也是我们的元老了。之前就是张旅主要负责管理上的事，史总抓研发。到公司筹备上市的时候，我就来负责上市这个项目。正式过来担任总裁是2007年9月份。”

史玉柱和研发团队每天都需要开会，但是巨人网络公司管理团队的办公会议，却是每周才开一次，史玉柱也不一定会参加。“我们会把一周积累的事情在会上和史玉柱进行一些讨论。”刘伟说，“其实大家的想法都很一致，10多年的配合让大家显得很默契，史玉柱对我们也很放任，不需要依靠繁琐的流程和频繁开会来解决问题。”

史玉柱还说过：“我觉得我不是好的领导者。因为我在公司管的事很少，领导者大事要自己管，我大事都不管。我们公司现在有60亿现金，现在放在哪我都不知道，使用现金我也不签字，这些事我都不操心，我只管我爱好的事，所以我做领导不合适。但是好在我有很强的团队来帮我打理公司。

我没有担任过主策划。外界可能感觉到我做的事很多。其实公司重大决策是刘伟提方案，基本定型我会参与讨论，前期论证筛选都是她（刘伟）的工作。董事会召集、讨论都是她的事。管理层，办公会议我从来不参加，人事她管，财务她管，公司的计划制定她管，目标考核她管，每个员工工资多少我不知道，干部工资多少我也不知。史玉柱对于巨人网络公司的日常运营非常放手，放手到连巨人网络公司纽交所上市的整个过程都很少过问。巨人网络执行总裁刘伟说："聘请审计师和律师、配合机构做前期的辅导工作、路演、做报告，这些工作史玉柱都很少过问。这些'琐事'都是公司的管理团队一手操办。

现在公司已经在脱离我了，我现在的角色更像是一个游戏评测师。在管理上巨人（网络）已经脱离了我，哪一天如果游戏评测也脱离了我，这个公司就可以社会化了。尽管上市了，我还是大股东，我希望这家公司靠一些职业经理人打理，股东对它没任何影响，我希望巨人（网络）成为这样的公司，这样我就更加踏实放心了。"

## 创业心得

2002年10月，史玉柱受邀做了一个《关于民营企业如何在困境中崛起以及巨人集团今后发展的战略》的演讲。在演讲中，史玉柱谈到了授权问题:“对于干部呢，充分授权。美国通用我觉得它这点做得非常好。不管它现在眼前出了什么问题，我觉得它的授权做得确实非常好。因为我看它的分析确实有道理。比如说生产线，生产线怎么改造能提高它的生产率，董事会的决策不如生产线的一个普通工人的决策准确，董事会去制定一个生产线如何改造、如何提高生产率，肯定是不准的。那如果是让一个最不懂的人做决策，最懂的人不能做决策，这必然会造成人力资源的浪费。解决这个问题的最好办法就是让最了解情况的人有决策权。他对他最了解的那块有决策权，所以这就要求我们充分授权。所以现在我们一直在注意这个问题，做得也不一定很好，但是一直在注意这个问题，稍微注意一点，就会发现公司确实没有内耗，而且干部的凝聚力也强。因为他有权力并得到应有的尊重，所以他干得心情也舒畅，凝聚力也高。像巨人不管是在高峰还是低谷的时候，没有出现一个‘叛徒’。并且没有一个人出来说过对集团不利的话，我觉得这与我的充分授权有相当的关系。”

## 拥有控制权非常关键，股权要尽量集中

选择实力远超过自己的投资伙伴，这是创业者在选择合作人时的一个重大决策错误，如果突破这种“选择实力远超过自己的投资伙伴”的做法，那么就必须正确认识合作的重要基础。

对于初创企业来说，控制权是十分关键的，如果丧失控制权，那么创业者肯定会被企业董事会赶出企业的大门。对此，史玉柱强调：“在创业初期，特别是公司机制并不十分健全的时候，股权要尽量集中，否则只能给他人做嫁衣。”从史玉柱的告诫中，我们不难理解，控制权的丧失就像打仗一样丢失了阵地一样，当创业者明白的时候，一切都

晚了。

实际上，在创业投资发展历程中，创业投资家和创业企业家之间发生冲突的例子很多，典型的案例如20世纪80年代苹果电脑公司的创始人史蒂夫·乔布斯、太阳计算机系统公司的创始人维诺德·科斯拉、思科公司的创始人斯坦福大学的一对夫妻教师，都是被创业投资家赶走的（十几年后，乔布斯重新回到苹果电脑公司则应另当别论）。他们被赶走的主要原因是因为他们没有从打天下的创业者转变成为一个合格的经理人。

非常有意思的是，科斯拉被太阳计算机系统公司的董事会解雇后不久，投身于创业投资业，并且卓有成效，名列2001年《福布斯》评选出的“50位最有影响力的创业投资家”榜首。而斯坦福大学的研究人员通过一项对硅谷地区100多家高技术创业企业的大量调研后发现：在创业企业最初20个月内），非创始人担任CEO的大约占10%；到了40个月，则升至40%；80个月后则超过80%（中途倒闭的企业不包括在样本之内。

这些现象背后所反映出创业投资过程中一个极为关键的问题：所有权与控制权的分配问题。

创业投资的主要投资对象是具有高成长潜力的创新型创业企业，这些企业面对的更多的是新的技术、前人未开拓过的市场，而它们所拥有的资源与成熟企业（尤其是大企业）相比又明显不足。因此，创业企业的成功极度依赖于其高层管理团队的洞察力、决策能力和执行能力。

通常创业企业有形资产比重小，无形资产比重大。创业企业家的资本（包括创业企业家早期投入的实物、财务资本等非人力资本和他们自身的人力资本）担保能力相对不足，这使得他们很难通过向银行借贷等常规方式进行融资。

为了从外部的创业投资家中获得资本，一部分创业企业家将出让企业的部分股权给那些有经验和能力的创业投资家。尽管双方会签订投资协议和相应的股权协议等一系列合同，接受创业投资的创业企业（以下简称“风险企业”）的产权从法律上讲是明晰的，但是风险企业中高层管理团队的人力资本具有特殊的重要性，尤其是处于种子期和初创期的企业，可以说其大部分价值在创业企业家的头脑中，也就是说，即使创业企业家在企业中的股份不多，但其拥有许多实质上的控制权。

不过，随着时间的推进，创业企业家有可能将自己的人力资本不断显示出来，更重要的是创业企业家有可能通过“干中学”和“用中学”，将自身的人力资本潜能挖掘出来，并逐步将它转化并体现在创业企业的实际价值中，如技术上获得专利认可、开发出样品、进行销售、实现盈利等。伴随着这些进程，创业企业的不确定性和风险大大减弱，与创业投资家之间合同的不完备性也在很大程度上得到减弱。

创业投资中创业企业发展的不确定性将导致创业投资合同的相对不完备性，这意味着在合同没有写明、无法写明或无法验证的情况下，如何配置事后创业企业家和创业投资家之间的权利变得非常重要。因此，一方面，创业投资家在投资前必须严格筛选创业企业家；另一方面，对于获得创业投资的创业企业，创业投资家必须对创业企业中的人力资本所有者（创业企业家）进行良好的激励，同时由于人力资本自身（尤其是创业企业）担保性较差，创业投资家为了减少投资后被“要挟”的风险和损失，必须持有必要的控制权。为此，国外（尤其是美国）他们通常用特殊的方式来设计投资结构和投资合同，对创业企业家（或高层管理团队）采取很强的约束和适当的激励，并且与我们常见的大企业中股东与企业经营者的关系不同，创业投资家与创业企业家的利益更加一致，可谓“利益捆绑在一起”。

斯坦福大学的学者 Hellmann 深入研究了创业企业家在何种情况下可能愿意放弃对企业的控制权，其结论是由于创业企业家常面临财富约束，创业企业家不得不在股权和实际控制权之间进行权衡。通常，为了获得相对较大的股权，创业企业家不得不放弃许多控制权，甚至包括赋予创业投资家解聘自己的权力。

上述结果是创业投资家和创业企业家之间在长期反复博弈后形成的一个最优博弈。一方面，处于早期阶段的创业企业，创业企业家拥有相对较大的股权，可以使得其边际的努力产生的边际收益中的较大部分归自己所有，这能够给创业企业家提供足够的激励；另一方面，由于早期阶段创业企业的主要资产是无形资产，创业企业家的资本（包括创业企业家的人力资本和他们早期投入的非人力资本，如实物、财务资本、专利、企业客户关系等无形资产）担保能力相对不足，创业企业家的能力大小也不确定，因此创业投资家为了减少投资风险和损失，必须持有较大的最终控制权，并使公司的利益凌驾于创业企业家之上，甚至在必要时有权解雇创业企业家。毕竟，创业投资家所运作的资金主要来自出资者，创业投资家如果不能获得良好的投资回报，那么他们不但不能获得利润分成，而且以后可能很难再募集到新的资金，因此创业投资家的成功及由此带来的声誉就是他们的职业“命根子”。

但当创业企业家的人力资本逐步转化并体现到企业的实际资产中，则其担保性质不断增强，与此相应，创业企业家对企业的最终控制权应当增加。实际上，创业投资中采取的是特殊的相对治理机制，即根据企业的实际发展和运营状况以及企业家的能力是否适应企业的发展要求而配置控制权，也就是说创业企业家的能力和企业的发展绩效及潜力在很大程度上决定了他们与创业投资家之间的谈判力量。因此，风险企业中权力的配置结果应当是:“如果企业经营不佳，创业投资家将获得全部的控制权；随着企业业绩的改进，创业企业家逐步得到控制权；如果公司业绩非常好，创业投资家就只保留剩余索取权，剩下的大部分控制权全部交给创业企业家。

至于那些在发展过程中接受过创业投资、但已经发展成相对成熟甚至上市的企业，则其公司治理结构应当按照一般的治理原则：股东大会选举董事会，董事会任免和监督总经理等管理层，等等。只要符合法定的程序，董事会聘请或更换总经理等公司高层管理团队是公司内部的事物。谁是大股东，谁就在企业中有主要的利益，当然他有相应的权利保证自己的利益，同时也要承担这种聘请或更换 CEO 等公司高层管理人员的风险。在接受过创业投资且上市时间不长的企业中，创业投资家所拥有的企业股票还未变现退出（或仅部分变现），创业投资家和创业企业家之间仍存在冲突在国外也是常见的现象，毕竟双方的利益并不是完全一致的。

有的人一提到公司控制权，就以为是“一言堂”。其实，典型的创业投资模式是“有钱的出钱，有力的出力”模式，并不是创业者或投资人单方出演的“独角戏”。因此，一方面，对于公司的绝大部分事项，创始团队应该具有绝对话语权；另一方面，在典型的创业投资模式下，基于投资人出资占大头，却占小股，也很少参与公司实际运营，对公司缺乏控制力的情形，应当保障投资人作为公司小股东的核心经济利益。比如，对公司发行新股、分红、清算等关系投资人核心经济利益的事项，创业企业应该有条件给予投资人否决权（非决定权）以保护其权益。因此，创业者在公司融资过程中要实现的是相对控制权，而不是“一言堂”，以平衡各方利益。

## 创业心得

史玉柱提醒告诫创业者：“创始人切忌因为融资而提早失去控制权，特别是现在融资越来越狂热，很多人为了融资而创业，而做网站，就有点本末倒置。因此，一些事情必须谨慎。如果初创企业要介入资本市场，同样意味着企业的决策不再掌控在自己的手中，实际上等于选择了一群不知底细的合作者。”所以不管创业企业融资与否，一定要根据企业需求去选择，是否需要风险资金的介入也一样。创业企业实际上没有固定的模式。未来能发展多远，要靠市场决定。创业企业可能非常缺钱，但那仅仅是一个阶段，一旦企业走上正轨，资本是可以慢慢积累的。可如果创业者因为上市的原因丧失了对企业的把握，那就得不偿失了。所以在管理上，创业者一定要拥有决策权。创业者们应该关注以下5个相关的制度设计，以实现创业团队对企业的相对控制：

**1. 股权比例**

股权是股东所享有的投票权、分红权、选择管理者等股东权利的源泉和基础。因此，股权控制是创业者实现对企业最直接有效的方式。

有人把创业形象地比喻为拼图游戏。创业企业的发展需要拼接资本、团队、技术和市场等社会资源，但大部分初创企业本身可利用的资源有限。为了对接利用上这些资源，创业企业通常要用公司的股权去置换。因此，创业者须考虑在“股权换资源”过程中对创业团队股权的摊薄效应。不少创业企业在公开发行上市之前会经历三轮以上融资，使这种摊薄效应更为明显。

**2. 投票权委托或一致行动人**

“投票权委托”即通过协议约定，某些股东将其投票权委托给其他特定股东行使。“一致行动人”即通过协议约定，某些股东就特定事项投票表决采取一致行动。意见不一致时，某些股东跟随被授权股东投票。比如，创始股东之间、创始股东和投资人之前就可以通过签署一致行动人协议加大创始股东的投票权权重。

**3. 保护性条款范围**

在典型的创业投资模式下，基于投资人出资出大头但占小股，也不参与公司实际经营管理的特点，为了保护投资人作为公司小股东的利益，投资人通常会要求对公司一些事项具有否决权，这有其合理性。但是，矫枉过正的是，我们看到有的投资人经常会出具一份清单，小到公司买个办公设备，大到公司发行上市，投资人都有一票否决权。这无疑加大了创业企业的管理效率和成本。比较合理的情形是，投资人仅对关系其核心经济利益的少部分特定事项具有否决权。比如，对公司发行新股、分红与清算等事项，以保障决策效果和决策效率，平衡双方利益。

**4. 董事会组成**

公司的日常经营事项，通常由公司董事会来决定。一方面，投资人并不参与公司日常经营管理，通常并不了解公司日常运营层面的情况；另一方面，创业团队离核心最近，熟悉公司实际情况，创始团队应该占有公司董事会的大部分席位，以保障决策效果和决策效率。

创业者们可以通过学习资本市场的游戏规则，并通过既理解创业投资又懂法律的专业人士协助，为创业企业设计合理的控制权制度，以实现对企业的相对控制。

# 广告是一门科学，是生意的灵魂

广告是无数创意的汇聚，它更是一门科学。你的所有付出都随着时间的沉淀而积累，体现于品牌之上。

“广告是生意的灵魂”，干什么就得吆喝什么，磨刀的要喊出声来，卖麻花的要支出个摊来。不然人家怎么找你做生意？近年来，“史氏广告”所向披靡，创造了一个又一个中国营销神话。而在这些以恶俗著称的“史氏广告”背后，却是史玉柱洞悉人性、缜密策划、敢于投入、精于执行的系统性广告策略思维。“史氏广告”背后，到底藏着什么秘密？让他如此自信。

**1. 以俗动人**

史玉柱对产品的命名，可谓俗不可耐，不是白金就是黄金。他对贵金属真是情有独钟。这些产品的广告，更是让人大跌眼镜。脑白金的卡通老人广告系列，如群舞篇、超市篇、孝敬篇、牛仔篇、草裙篇及踢踏舞篇，毫无创意，篇篇雷同。而广告词也高度一致："孝敬咱爸妈"、"今年过节不收礼，收礼只收脑白金"。到现在整整"折磨"了13亿人民群众近10年之久。

2001年，黄金搭档上市，史玉柱为其准备的广告词几乎和脑白金一样俗气透顶："黄金搭档送长辈，腰好腿好身体好；黄金搭档送女士，细腻红润有光泽；黄金搭档送孩子，个子长高学习好。"

即便如此，这两个产品依然在保健品市场上稳健成长，畅销多年。2007年上半年，脑白金的销售额比2006年同期又增长了160%。

在总结为什么俗广告能取得好成绩时，史玉柱说："不管消费者喜不喜欢这个广告，你首先要做到的是要给人留下深刻的印象。能记住好的广告最好，但是当我们没有这个能力，我们就让观众记住坏的广告。观众看电视时很讨厌这个广告，但买的时候却不见得，消费者站在柜台前，面对那么多保健品，他们的选择基本上是下意识的，就是那些他们印象深刻的。"

"史氏广告"让城市里的观众难以接受。但这些符合地县级消费者观念的俗广告，恰恰以消费者的认知为基础，深刻地打动、影响了消费者，并进入消费者的心智中，产生了巨大的市场效应。这就是"史氏广告"起效应的深层原因。

另外，虽然广告很俗，但都是原创性的，这个也很关键，因为这样会给人留下深刻的印象。现在我们看到很多模仿脑白金广告形式的广告，大多没有成功的可能。

广告只有经过一段时间的投放，才能看见效果。在消费者的心智中注册一个品牌需要时间。史玉柱打广告，深刻地明白这个道理，所以脑白金的广告一打就是近10年。

**2. 集中发力**

市场营销中最强大的力量来自于“聚焦”。市场、渠道、广告都需要聚焦。在收缩战线的时候，会变得更强大。史玉柱极其推崇毛泽东思想:“我就觉得毛泽东的原则是对的，我集中全部人力、物力、财力，集中攻一个点，没有把握把一个城市攻下，你就别忙着打第二个城市。”

首先，经营业务的聚焦。史玉柱曾经吃过多元化，拉长战线导致巨人倒塌的亏。“集中资源，集中发力”对史玉柱更有深刻的意义。其次，产品目标人群的聚焦。脑白金最早聚焦失眠的中老年人;《征途》聚焦刚进入社会的成年人；黄金酒聚焦需要“孝敬长辈”的人群。再次，广告火力的聚焦。史玉柱在每个省都从最小的城市开始启动市场。他倾尽所有猛砸广告。地方电视台与报纸的宣传相互交错，对消费者进行深度说服。脑白金先从江阴起步，然后进入无锡，接着启动南京、常熟、常州、吉林……随后就顺利启动了全国市场，这就是“星星之火，可以燎原”。

集中资源，集中人群，集中市场，会创造局部优势兵力，这是毛泽东战略思想的精髓，现在史玉柱将它用在了商场上。

3. 巧用公关

史玉柱曾提示创业者“在弱小的时候，不要蛮干，要巧干”。这里的“巧干”，指的就是他的公关先行法则：利用软文、事件等软性手法，巧妙地启动传播。

脑黄金时期史玉柱就重视软性宣传，注重收集消费案例进行脑黄金临床检测报告、典型病例以及科普文章的宣传。为了配合宣传，《巨人报》印数达到了100万份，以夹报和直投方式广为散发，成为当时中国企业印数最大的“内刊”。值得一提的是，当时的三株、太阳神还在农村刷墙体广告。

脑白金上市初期，史玉柱做不起广告，他就出了一本《席卷全球》的书，对人们的健康认识进行颠覆性洗脑。但是书中没有涉及脑白金的产品，而是让消费者了解褪黑素。《席卷全球》对脑白金的上市推广起到了关键性的作用。为了更深入地用软性的手段灌输脑白金的概念，他又启用了大量的软文。日后，这些软文成为营销界的经典之作，为史玉柱在短短的3年内销售额达到十几个亿，立下了“汗马功劳”。

2008年10月28日，在北京人民大会堂，以“世界第一瓶功能名酒”为噱头的事件营销拉开了黄金酒上市的帷幕，向世界宣告：世界第一瓶具有保健功能的白酒——黄金酒来了！紧接着，就是媒体的争相免费报道。

公关是品牌塑造的工具，更容易让商业信息进入消费者的心中。公关打造品牌，广告维护品牌。品牌的打造发生在消费者的心中，而第三方媒介的力量至关重要。史玉柱聪明地把握住了媒介公关在商业传播中的重要作用。

**4. 立体传播**

高空广告要想起效，必须有终端落地的配合。史玉柱就是“如洪水猛兽一样”地抓终端落地执行与线上广告配合。

脑白金时代，史玉柱在全国的200多个城市设置办事处，3000多个县设置代表处，全国有8000多销售员。他要求：脑白金在终端陈列时，出样尽可能大，并排至少3盒以上，且要占据最佳位置。所有的终端宣传品，能上尽量上。宣传品包括大小招贴、不干胶、吊带包装盒、落地POP、横幅、车贴，《席卷全球》必须做到书随着产品走。

目前，巨人集团在全国拥有150多个销售分支机构、1800多个县市办事处和29万个销售点。在《征途》游戏的推广中，他如法炮制了脑白金的落地方式，推广队伍是全行业内最大的，全国有2000多人，目标是铺遍1800多个市、县、乡镇，并计划这个队伍要发展到2万人。

黄金酒的营销队伍：全国将拥有14000人的销售人员，计划经销商覆盖全国200多个二、三级城市和上千个县。

在信息爆炸的时代，只有围绕消费者，做到立体的整合营销传播，才能将企业的商业信息输送到消费者的心智中。“史氏广告”正是由于其细致整合的手法，使得人们对他的广告“无处可逃”、印象深刻。

**5. 研究消费者**

“史氏广告”的实效性，来自大量研究消费者心理，以及对消费心理的精准把握。史玉柱主张：花70%的精力关注消费者；投入20%的精力做好终端执行；花 10%的精力用来管理经销商。

他曾对《赢在中国》的选手说：“品牌是怎么打造的？我建议你本人到消费者中间去。品牌的唯一老师是消费者。谁消费我的产品，我就把谁研究透，一天不研究透，我就痛苦一天。”

脑白金成功不是偶然。在试点城市江阴，他亲自走村串镇，挨家挨户地去走访，和老太老头拉家常。“今年过节不收礼，收礼只收脑白金”的广告语就来自于这些无意的“闲聊”。

《征途》的成功也不是偶然。史玉柱玩游戏有 22 年之久，曾每天有 15 个小时充当玩家挑毛病。网络游戏广告受到法规限制，他就在中央台投放了一个傻笑的“长发女”版的形象广告。如果你不是游戏玩家，很难看懂这个广告到底是什么意思。但只要是玩家，大凡都能体会到游戏中装备升级所带来的这种“只可意会，不可言传”的快乐。

广告战是一场看不见硝烟的战争，战场就在消费者的心中。只有把广告策划的重点放在研究消费者的心理需求上，才能打造出一条影响市场的广告。“史氏广告”就是这方面的典范。

**6. 首创优势**

史玉柱常说，哈佛大学有一个营销教育案例，说美国人对第一个驾驶飞机飞越大西洋的人记得很清楚，但第二个是谁，一般人都回答不出来。但对第三个飞越的人又记得很清楚，为什么？因为第一个是女性，所以记住了。在营销方面，一定要把你的“第一”找出来。

率先成为消费者心中的第一品牌，将在营销中获得巨大的力量。消费者相信第一胜于后来者。首创品牌最后也往往发展成品类的代名词，史玉柱的广告创意就存在这些因素。

脑白金既是产品名又是品类名，创建了一个新的保健品品类。脑白金采用口服液加胶囊的形式，也是独一无二，并把“礼品营销”发挥到极致。黄金搭档是中国第一款复合维生素里添加矿物质，所以才命名“黄金搭档”。

《征途》避开了与丁磊的撞车，不走卡通路线，不针对十四五岁年龄群的人，只针对成年人，顺利避开直接竞争。《征途》还第一个打出了“给玩家发工资”的广告，塑造“有工资的网络游戏”新品类。

**7. 找准塔基**

史玉柱的产品、广告都是瞄准“8 亿人的塔基”。史玉柱曾说:“中国市场是金字塔型，越往下市场越大。大家都重视北京、上海、广州等一类城市，但一类城市占全国人口的比重就是 3%~4%。省会级城市和一些像无锡这样的地区性中心城市加起来，要远远超过一类城市，再小一些的城市，比如各省里的地级市，全国有 380 多个，这个市场又比省会城市更大，县城和县级市更难以估量。”

和“脑白金”、“黄金搭档”、《征途》一样，黄金酒的推广，主要也是瞄准中国白酒消费人群的塔基市场。中国最大的机遇在塔基。今年，世界金融风暴来袭，跨国集团开始紧盯中国的三、四线城市。而此时，很多本土品牌还在死咬一线城市，紧抓“面子”市场，实则不可取。史玉柱的几个营销神话，都是发生在最宽广、最具潜力的塔基市场，他的商业帝国才得以如此稳固和强大。

8. 够量重复

拿破仑常说："胜负决定于最后五分钟。"西方谚语说"最后一根稻草可以压断骆驼的背"，这里都足以证明沸点的重要性。广告的媒介投放亦然，使广告进入消费者的心中，就需要足够量的重复，这个过程无法缩减。

史玉柱从不吝啬广告媒介费用的投入。在巨人汉卡时期，他把第一桶金2万元全部投入广告。脑白金更是通过数亿元的媒介投放打出来的。"史氏广告"的大额投入，就是在加热水温，试图到达沸点。

脑白金时期，在中央台上投放形象广告，区域媒体选用报纸投放功能广告，3天一期，高密度投放。当时，在华东地区每天的广告费用达到10万元。现在媒介投放采用脉冲式广告排期：2月至9月初，广告量很小；每年只集中在春节和中秋节两次高潮；广告密度最大的时段是中秋节前10天，春节前20天，加起来一共30天。到了关键销售旺季，沸点也同步达到了。

史玉柱这次为黄金酒砸的3个亿，也是试图将广告送到沸点位置。据了解，他正谋划对保健酒市场进行更密集的广告"轰炸"，其力度不亚于脑白金和黄金搭档的广告投放。

9. 试销测试

广告的有效性，只有通过与消费者、竞争对手的真正接触后才能判断。通过试销，能给企业带来调整广告策略、营销策略，甚至调整产品形态的机会和时间。史玉柱一向重视试销的作用。

脑白金在江阴和常州，进行了长达一年的试销。期间，尝试各种推广、广告、销售手法。为广告创意提供了足够的依据。“保健礼品营销”的方式和10年不变的广告语就来自这些试销活动。黄金搭档更是经过了三轮试销，才确定营销策略、广告策略。刚刚上市的黄金酒，从2008年4月开始，在山东青岛、河南新乡两个市场试销。这两个市场的成功，完善了营销广告策略，为启动全国市场铺平道路。

市场是多变的，没有一个商业将领能保障自己的战略百分百实效。只有通过实战的检验才能真正测试广告的效应。每条“史氏广告”都不厌其烦地、长时间地进行市场测试，可想而知，通过这种“层层历练”的广告的效果威力有多大！

## 创业心得

脑白金的“今年过节不收礼，收礼只收脑白金！”这句广告语，几乎无人不知无人不晓，之所以有这样的广告效应是因为遵循了广告的基本原则——持续不断地说同一句清楚明白的话。这句话本身就是非常清楚明确的市场定位，它反映的是脑白金独特的营销策略。作为广告口号，它给了消费者一个清楚得不能再清楚的概念。这句简单而独特的广告语经过不断地在荧屏上出现，在消费者心中也深深地扎了根。

史玉柱说：“脑白金通过概念的差异化，为市场设置了竞争壁垒，有效阻止了竞争者的模仿。”一个普通的“褪黑素”就变成了价值不菲的“脑白金”。通过广告传播，在短短几年时间里，史玉柱创造了“脑白金”营养品年营业额过10亿元的营销神话。广告的目的就是让消费者认清自己的商品，并在其心中占有一定空间。创业者的广告不管是“下里巴人”，还是“阳春白雪”，不管消费者是厌烦，还是无奈，消费者不管对此广告持什么样的态度，只要把它记住了，此广告能给消费者留下深刻的印象，那么这个广告就算成功，这样广告的目的就达到了。中小企业受自身客观条件限制，广告宣传局限于区域性、小范围，资金投入相对较少，要注重短期行为和效应。因此，如何做好广告，在有限的资金投入里产生最大的广告效益，显得尤为重要。

**1. 制定广告整体计划**

有些创业者认为，广告整体计划是大公司的课题，中小型公司根本用不着计划。他们往往只有在销售不好时才安排广告，急急忙忙联系媒体，连夜赶制广告，马上刊登出来，至于目标大众的心理接受状况如何、消费者的购买习惯和动机如何、上次的广告与这次是否连贯、下次广告又如何创意，他们都很少考虑。如此这般，单纯为广告而做广告，使许多企业陷入受市场牵制的被动局面。很难想象一个没有广告整体计划的企业是否能找到一个贯穿整个广告运作的总体思路，在消费者心中建立一个完整良好的企业形象和品牌形象，很好地将自己的产品与竞争对手区别开来。把有限的广告费用在刀刃上，发挥最大的广告效益，是每个企业家应当严谨思考的问题。

广告是点点滴滴的长期积累，计划越周密，研究越透彻，依据越充分，逻辑性越强，广告整体效果就越好，在消费者心中的影响就越深远。广告计划一般以年度为限，计划制定后不要轻易修改。只有在广告定位出现失误，目标对象出现偏差，广告投放一段时期后，无法达到预期效果，才修改、中止计划。

### 2. 广告诉求要有特色

由于产品同质化程度越来越高，有特色的广告诉求就更加难找，许多大公司为此伤透了脑筋。前几年流行的诉求常用：全国产销量第一、获××金奖、中国名优产品、××质量评比第一名、最先通过行业ISO9000认证等等，而这些做多了消费者就反感。可中小企业受自身实力限制，就连这样的机会也没有。

如何使广告更有特色呢？美国广告大师罗索·瑞夫斯提出的“独特的销售主张”在今天仍能给我们很多启发：广告说辞必须包括一个产品具体的好处或效用；这一功效必须是独一无二的，没有被其他产品宣传过，甚至不具备；这一说辞必须能够推动销售。

广告人应当对产品有充分的认识，对目标受众的心理特征有深刻把握，对竞争对手的广告诉求有仔细了解，然后挖掘思维，把天才般的创意发挥得淋漓尽致，塑造出的广告特色将是一个与产品和时尚一起成长的生命。

### 3. 充分利用新闻

中小企业本土气息浓厚，更应注重区域性消费巩固。中小企业应当充分利用新闻媒介宣传企业，扩大影响，不断创造有价值的新闻事件，与媒体保持良性接触，强化企业在公众心中的地位，使公众对企业有更全面的了解，形成良好口碑。

4. 杜绝广告投机心理

创业营者们都希望一个绝佳的点子能给自己的企业指引一条光明大道，他们的口头禅是:“花小钱，办大事。”“点子”并不好出，有些企业经营者只好耐心等待，广告宣传心不在焉，其结果可想而知。事实上，广告是创意的汇聚，是一门科学。你的所有付出都会随着时间的沉淀而积累，体现于品牌之上。

5. 应用固定的广告代理商

大型的跨国集团公司都有自己固定的广告代理商，几十年不变。往往是这家公司成长为跨国集团，产品成为知名品牌了，广告公司也名声鹊起。中小企业的做法就有些五花八门了，今天让这家广告公司做几期平面广告，明天又把广告交给媒体去做，后天又自己动手做。每个公司在对产品的认识、目标消费群体的认识和广告创意的把握上不可能一致，导致电视广告的主画面和报纸广告不相同，这期报纸广告和另一期报纸广告的广告语又风马牛不相及，各式各样的招贴都有。风格不一致，形象不统一，理念又大相径庭，就无法达到一元化宣传的效果，易使消费者形成不是同一产品的错觉。在信息过剩的今天，你的各种宣传不高度统一，消费者又怎能记住你，并购买你的产品?

造成创业者经常变换广告代理商的原因是多方面的，它与我国的广告代理制度不很健全不无关系，但主要原因是广告人与企业管理者沟通不够。广告人的样稿交到企业后，创业者往往采取一种审判的目光来对待，凡适合自己的就通过，不适合的则丢到一边，而不是采用协商、提意见的态度。一个对广告不很专业的人加上主观臆断，优秀的广告创意很容易被丢弃。初期广告效果不好，便马上更换广告代理人。换来换去，广告创意就不连贯，也无法统一，达不到一元化宣传效果，广告宣传效果也不会好到哪儿去。